Meine Low Carb Familienküche

55 alltagstaugliche Rezepte, die Groß und Klein schmecken

systemed

Inhalt

Vorwort

KOKOS MUS
KAKAO
KOKOS ÖL
LINSEN
OLIVEN ÖL
AY VAR
TUNA
TUNA
TUNA
Pesto
Pesto
KIDNEY BOHNEN
BOLOGNESE

Da schreibt Bettina Meiselbach jetzt tatsächlich ein Familienkochbuch … ohne Kinder zu haben …? Ja … ist es denn die Möglichkeit … Korrekt und ja, die Frage könnten sich meine Leserinnen und Leser durchaus stellen.

Aber – am Ende ist es auch nicht so schwierig, denn Rezepte für die ganze Familie müssen vor allen Dingen ein Kriterium erfüllen: Sie müssen allen schmecken!

Und Rezepte zu kreieren, die Groß und Klein schmecken, darin bin ich nun seit über zehn Jahren erprobt und kann aus einem großen Erfahrungsschatz, auch durch das tolle Feedback meiner Leserinnen und Leser auf meinem Blog www.happycarb.de, schöpfen.

Ich lese unzählige Kommentare zu meinen Rezepten mit der Rückmeldung, dass Low Carb auf einmal auf Begeisterung bei den Partnern stößt und sehr oft, dass die Kids nicht genug von meinen Rezeptideen bekommen können.

Es muss allen schmecken und so verpackt sein, dass gesundes Essen mit viel Gemüse und einer breiten Auswahl an Nährstoffen lecker ist. Dann erübrigt sich die Erkenntnis, dass das gerade tatsächlich Karotte oder Blumenkohl war, was im Mund verschwunden ist, oder sich im Gericht tatsächlich Fisch versteckt. Manchmal ist es einfach besser, nicht vorher zu erzählen, was alles im Essen enthalten ist und den Gaumen der Familie entscheiden zu lassen. Da kann man sich dann gelegentlich wundern, was alles so geht, ganz ohne Drama am Esstisch.

Die Rezepte im Buch sind geeignet für Kinder ab einem Alter von sechs bis sieben Jahren und verschönern dann das Leben bis zum letzten Tag. Egal welches Alter und welche Ernährungsvorlieben bei Ihnen am Tisch sitzen, Sie werden im Buch etwas finden, das Sie der ganzen Familie anbieten können.

Einige Rezepte sind so aufgebaut, dass durch einfaches Weglassen oder einen unkomplizierten Tausch sowohl Fleischesser als auch Veggie-Fans glücklich werden können. So bekommen wir Opa und Tochter auf einen Schlag satt. Es gibt nicht viel, das mehr nervt, als mehrere Essen für die Familie kochen zu müssen. Ich versuche mit den Rezepten in diesem Buch, alle an einem Tisch zusammenzubringen und am Ende satt und zufrieden aufstehen zu lassen.

Viel Spaß nun beim Kochen und Genießen und ich freue mich über Feedback zu meinen Rezepten.

Ihre
Bettina Meiselbach

Mehr als 10 Jahre Low Carb und immer noch happy

MEHR ALS 10 JAHRE LOW CARB UND IMMER NOCH HAPPY

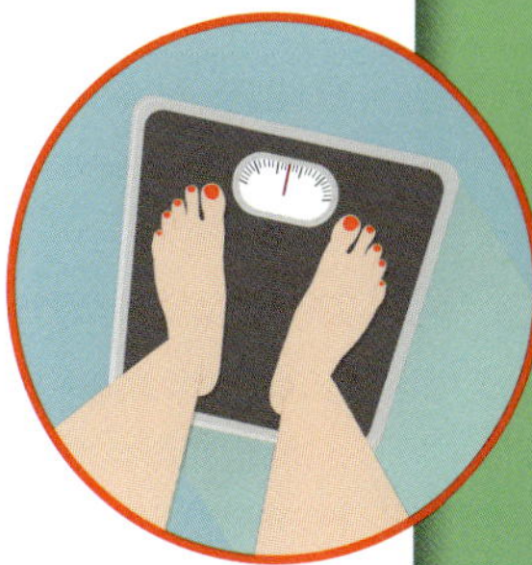

Wer hat an der Uhr gedreht? So kommt es mir wirklich vor, denn die Rückbesinnung, dass ich mich nun schon seit dem Jahr 2013 kohlenhydratreduziert ernähre, ist surreal und will nicht recht rein in meinen Kopf.

Denke ich an das Jahr 2013, dann spüre ich heute noch den Schmerz der Verzweiflung und die Belastung meines damals gewaltigen Übergewichts. Das Körpergewicht schraubte sich über die Jahre auf mehr als 130 kg hoch und mein Gesundheitszustand war vollkommen aus dem Ruder gelaufen.

So richtig wahrhaben wollte ich das damals nicht, auch wenn jeder Knochen weh tat und ich körperlich kaum noch belastbar war. Es brauchte meinen Hausarzt, bei dem ich irgendwann in einem desolaten Zustand saß, der mir den Vorschlag machte, wegen meines Übergewichts und meines nervlichen Zustands eine Reha zu beantragen. Mein damaliger stressiger Job hatte ebenfalls seinen Tribut gefordert und ich war gefangen von zu vielen negativen Dingen am Arbeitsplatz und dem Versuch, all das mit noch mehr Essen zu kompensieren.

Die Idee war, diesen Zustand mit einer Reha zu durchbrechen und mir die Möglichkeit zu geben, den Fokus auf mich und meine Bedürfnisse zu richten, dabei Gewicht zu verlieren, und wie man so schön sagte, meine »Anpassungsstörung« zu beheben. Gesagt, getan, und nach kleineren Hindernissen war ich im Herbst 2013 für sechs Wochen zu Besuch in einer Rehaklinik.

Doch bevor es besser wurde, kam der große Knall. Bei der Erstuntersuchung in der Rehaklinik wurde Diabetes-Typ-2 festgestellt und auch sonst waren so einige Blutwerte aus der Spur. Rumms, ich fühlte mich k.o. und vergoss erst einmal bittere Tränen.

Doch ich war in der Klinik in guten Händen, denn neben Adipositas und Burnout, war man dort auch auf Typ-2-Diabetes gut vorbereitet. Mit 44 Jahren zählte ich auf einmal in die Kategorie »multimorbide Patientin«. Danke schön, jetzt wurde es Zeit, dass ich mir selbst in den Hintern trat und mich wieder aufrappelte.

Die Zeit in der Rehaklinik war für mich sehr wertvoll. Ich konnte klarer sehen, wie es so weit kommen konnte, dass es auf diesem Weg nicht weitergehen durfte und entwickelte Motivation und den Glauben an meine Selbstwirksamkeit.

Während meines Aufenthaltes in der Rehaklinik purzelten bereits die ersten Kilos. Kein Wunder, denn die war sehr kalorienreduziert und vor allen Dingen extrem fettarm. Alles drehte sich um fiese Fettpunkte, die natürlich nicht – oder sagen wir besser, fast nicht – gegessen werden sollten und für mich unangenehm dauerpräsent: der bohrende Hunger.

Es gibt keine Abnehm-Methode, die für alle Menschen passt. Auch Low Carb ist nicht der Heilige Gral. Aber ich merkte körperlich und auch geistig ganz klar, dass die fettarme Ernährung für mich auf Dauer keine Option ist. Das funktionierte unter Kontrolle und mit Gruppenzwang in der Klinik, aber wäre für mich daheim nicht durchzuhalten gewesen. Mir war ja klar, dass ich 50–60 Kilogramm abnehmen musste, und das geht schließlich nicht im Galopp. 1–2 Jahre fettarm Hunger schieben? Geht nicht und so musste ich mir, für die Zeit nach der Reha, überlegen, wie es daheim weitergehen sollte.

Nach der Diagnose meiner Diabetes-Typ-2-Erkrankung saß ich glücklicherweise direkt in einer Diabetes-Schulung. Dort lernte ich, was ich über die Entstehung und das Management der Krankheit wissen musste. Okay, meine Bauspeicheldrüse ist geschädigt und kann nicht mehr so gut Kohlenhydrate verstoffwechseln. Dazu wird mein verbleibendes Insulin daran gehindert, gut zu funktionieren, weil ich einfach zu dick war und zu wenig Bewegung in mein Leben integrierte. Also musste ich ran an diese Stellschrauben und mir wurde klar, dass mein Weg mich dahin führen würde, den Stoff, den ich nicht mehr im Übermaß verstoffwechseln kann, deutlich zu reduzieren.

So landete ich bei der kohlenhydratreduzierten Ernährung und habe die Entscheidung bis heute nicht bereut.

Die Kilos schmolzen und innerhalb von 18 Monaten verlor ich fast 60 Kilo Gewicht.

Wie fast alle diäterprobten Menschen kenne ich das Problem, dass die Kilos schneller wieder da sind, als sie abgenommen wurden und meist sogar mit Echo auf die Hüften zurückkehren. Diesmal aber passierte das in der Form nicht. Klar habe auch ich wieder einige Kilos zugenommen, aber den größeren Anteil des Gewichtsverlustes habe ich über die Zeit gerettet und habe nun das Gefühl, dass nach vielen Jahren mit Schwankungen, mein Körper bei einem »neuen« Ankergewicht angekommen ist, wo er neben kleineren Aufs und Abs immer wieder hinwill.

Ich bin keine 30 mehr, von daher ist das für mich so alles prima. Wenn man von Hosengröße 54 kommt, ist eine 44 wunderbar und vor allen Dingen stressfrei. Als Kochbuchautorin futtert man doch auch mehr, als man das in anderen Berufen tut, auch wenn ich immer nur Low Carb koche. Dazu gibt es auch immer wieder Phasen, wo Stress und andere Faktoren mich mehr essen lassen und mein hungriger Kopf das Regiment übernimmt. Daran arbeite ich noch und ich bin mir sicher, wenn ich hier einen Schritt weiter bin, werden auch wieder einige Kilos purzeln. Nur ist es einfacher, den Speiseplan zu verändern, als das Gehirn neu zu programmieren oder von klein auf erlerntes falsches Verhalten zu verändern. Essen hat mich schon immer getröstet und war mein Halt in der Not. Das geht so tief rein, dass dieser Mechanismus ein Leben lang in mir bestehen bleibt und der Umgang damit Teil der Lösung meiner Gewichtsprobleme ist.

Woran aber niemand vorbeikommt, ist eine Anpassung der Ernährung auf eine Art und Weise, die dauerhaft schmeckt und Spaß macht. Für mich war und bleibt das die Low-Carb-Ernährung und das schreibe ich nach mehr als zehn glücklichen Jahren. Ich wollte die an Nährstoffen und Ballaststoffen reiche Ernährung nicht mehr missen und freue mich auf die nächsten zehn Jahre.

Und damit die leckeren Rezepte nie ausgehen und Low Carb seinen Zauber für mich nicht verliert, habe ich begonnen, den Blog »Happy Carb – Mein Low-Carb-Weg zum Glück« zu schreiben, wo ich bis heute regelmäßig leckere Low-Carb-Rezepte veröffentliche. Daraus entstanden ist dann die wunderschöne Happy-Carb-Buchreihe mit vielen kunterbunten Büchern. Besuchen Sie mich im Internet und schauen Sie sich auch andere meiner Bücher an. Denn Low Carb mit der Extraportion Happiness finden Sie nur bei mir.

Low Carb – mehr als eine Diät

LOW CARB – MEHR ALS EINE DIÄT

Wenn mich jetzt schon seit Jahren eine Sache wirklich stört, dann die, dass Low Carb meist nur als eine Diät verstanden wird, um Gewicht zu verlieren.

Aber Low Carb ist eben so viel mehr, denn Low Carb ist eine Ernährungsform, mit der man es gut schaffen kann, sein Körpergewicht zu steuern und gleichzeitig gesund und superlecker zu essen.

Am Ende meiner Diätkarriere habe ich gefühlt 100 Diäten gemacht und war nach einem tollen Abnehmerfolg hinterher schwerer als vorher. Diese böse Spirale konnte ich erst mit der langfristigen Umstellung meiner Ernährung auf Low Carb durchbrechen.

Ich sage nicht, dass es mit Low Carb ein Spaziergang ist, aber die Chancen für einen langfristigen Erfolg sind ungleich höher, als von Diät zu Diät zu hoppeln und zwischendurch immer so viel Frust ertragen zu müssen. Sie müssen sich entscheiden, welchen Weg Sie in der Zukunft gehen wollen und ich kann nur sagen, dass Low Carb einen Versuch wert ist, und vielleicht werden ja auch Sie happy mit weniger Kohlenhydraten auf dem Teller.

Low Carb oder doch lieber No Carb?

Wenn Sie sich ganz neu mit Low Carb beschäftigen, dann werden Sie sich vielleicht wundern. Low Carb ist nämlich ein Überbegriff und beschreibt lediglich, dass die Kohlenhydrate im Speiseplan verringert werden. In welchem Umfang und wie das passieren soll, da gibt es unterschiedliche Ansichten und Wege. Und Sie können sich vorstellen: Überall da, wo es keine festen Vorgaben gibt und Menschen frei gestalten können, gibt es unterschiedliche Ansichten und immer viel Streit, wenn diese aufeinandertreffen.

Stellen Sie sich Low Carb vor wie ein Universum, das aus vielen Planeten besteht und jeder hat seine eigenen Low-Carb-Regeln. Da gibt es die moderaten Planeten, wo 100 oder sogar bis 150 Gramm Kohlenhydrate gegessen werden, und dann gibt es auch Planeten, die ihre persönliche Grenze tiefer ansetzen und mit 30–50 Gramm Kohlenhydraten glücklich sind. Dazwischen gibt es ganz viele andere Planeten, denn die einen mögen es gerne clean, die anderen hängen in der Steinzeit fest und wieder andere fühlen sich als vegane Weltretter. Jede Ernährungsform hat Untergruppen und häufig sind sich die verschiedenen Low-Carb-Planeten feindlich gesonnen, obwohl der Grundansatz, also eine Ernährung mit weniger Kohlenhydraten, immer gleich ist.

Aber eine Sache ist, denke ich, klar. Die Speisepläne unterscheiden sich, denn mit 100 Gramm Kohlenhydraten pro Tag sind eben andere Lebensmittel möglich als mit nur 30 Gramm. Einige grundlegende Dinge werden fast von allen Low-Carb-Fans eingehalten. Dazu gehört der Verzicht beziehungsweise der Austausch von Haushaltszucker, das Auswechseln von klassischen Sättigungsbeilagen wie Reis, Kartoffeln und Nudeln gegen Gemüse, der Verzicht auf handelsübliche Backwaren wie Brot und Kuchen und dazu, dass viel frisch gekocht wird und Fertigmahlzeiten aus dem Supermarkt mit all den fragwürdigen Zusätzen in der Low-Carb-Ernährung keinen Platz mehr finden.

Vielleicht erschrecken Sie jetzt gerade und fragen sich, was Sie dann eigentlich in Zukunft noch essen sollen? Aber keine Angst, Sie reisen mit mir zwar auf einen fremden Planeten, aber ich verspreche Ihnen, hier sind alle nett und es wird Ihnen so gut schmecken, dass Sie sich hinterher fragen, warum Sie nicht schon immer so wohltuend für Körper und Seele gegessen haben.

Die Welt, wie sie mir gefällt

Als ich mich auf die Low-Carb-Reise begeben habe, stoppte ich auf verschiedenen Planeten, wurde aber nirgends so richtig happy. Überall gab es dogmatische Vorschriften und, ehrlich gesagt, schmeckten viele Low-Carb-Rezepte aus meiner Anfangszeit so, dass es eher zum Abgewöhnen war. Wenn der Blick nur auf der Einsparung von Kohlenhydraten liegt, bleibt manchmal der Geschmack auf der Strecke. Also reiste ich weiter, schwelgte auf dem Planeten Atkins in Eiern und Speck und merkte dann doch, dass auch das auf Dauer nicht würde funktionieren können für mich. Ich brauche die maximal mögliche Ausgewogenheit auf dem Teller und dazu gehören für mich nun mal reichlich buntes Gemüse, gesunde Hülsenfrüchte und außerdem selbstgemachte Backwaren, die nicht merkwürdig knatschig sind, sondern dank wertvoller Haferkleie satt machen und ein gutes Brotgefühl vermitteln.

Total super, aber auch total doof, denn mit meinem eigenen Weg eckte ich auf allen anderen Planeten gehörig an. Also besiedelte ich meinen eigenen kleinen Happy-Carb-Planeten und machte mir die Welt, wie sie mir gefällt und wie es mir guttut.

Zu Beginn meiner Low-Carb-Zeit stand die Reduktion meines Gewichtes im Vordergrund, was mit Low Carb wunderbar zu realisieren ist. Später ging es dann darum, das neue Gewicht zu erhalten und dazu meine Diabetes-Typ-2-Erkrankung dauerhaft in die Schranken zu weisen.

Meine Bauchspeicheldrüse kann nicht mehr so viele Kohlenhydrate verstoffwechseln, also mute ich ihr einfach nicht mehr so viele Kohlenhydrate zu. Nicht mehr als 100 Gramm pro Tag und, auf eine Mahlzeit gesehen, versuche ich auch, nicht mehr als 50 Gramm Kohlenhydrate auf einen Schlag zu essen.

Früher war ich da noch etwas strenger, aber seit ich Pasta aus Hülsenfrüchten in den Speiseplan integriere, kommt auf dem Weg auch mal eine größere Portion komplexer Kohlenhydrate auf den Teller. Immer gut verpackt in einer Mahlzeit mit Eiweiß und Fett und verbunden mit vielen Ballaststoffen, quälen diese komplexen Kohlenhydrate meine Bauspeicheldrüse nur sehr moderat, denn der Blutzucker steigt nicht schnell und nicht sehr hoch an. Dafür bleibt der Blutzucker schön stabil, sackt also nicht ab und Heißhunger nach der Mahlzeit hat keine Chance.

Wenn Ihnen das nicht zusagt und Sie einen strengeren Weg gehen wollen, dann ist das total okay und Sie suchen sich die Rezepte aus, die zu Ihnen passen. Die Kohlenhydratmenge steht bei jedem Rezept dabei und Sie entscheiden.

Low Carb, die Ernährungsform mit dem Happiness-Faktor

Natürlich will ich an dieser Stelle Werbung machen für die Ernährungsform, die mein Leben verändert hat. Denn wäre ich nur »leichter«, wäre das schon toll, aber ich fühle mich auf so vielen Ebenen besser, mit mehr Energie und Lebensfreude, dass der Zugewinn gigantisch ist, dass ich manchmal zur Nervensäge werde, wenn meine Begeisterung durchbricht.

Was Sie von einer Low-Carb-Ernährung erwarten können:

SIE WERDEN HOFFENTLICH

- Gewicht verlieren, denn kalorienreiche Sättigungsbeilagen werden durch Gemüse ersetzt und die veränderte Zusammensetzung der Makronährstoffe begünstigen die Fettverbrennung.
- stabilere Blutzuckerwerte haben, denn weniger Kohlenhydrate schützen vor Blutzuckerspitzen und brauchen weniger Insulin.
- sich von Heißhunger und Fressanfällen verabschieden, denn Energiekrisen im Kopf bleiben aus.
- länger satt bleiben, denn ausreichend Eiweiß und Fett auf dem Teller sorgen für eine nachhaltige Sättigung.
- sich vitaler und konzentrierter fühlen, denn Sie haben ab sofort viele nährstoffreiche Lebensmittel auf dem Teller.
- Ihren Darm erfreuen, denn mehr darmgesunde Ballaststoffe und die Reduktion von Zucker fördern die Vermehrung der guten Darmbakterien.
- leckerer Essen als jemals zuvor und sich hoffentlich irgendwann fragen, warum Sie sich nicht schon immer so toll ernährt haben.

Für mich haben sich all diese Dinge erfüllt und ich genieße es heute, wenn mein Körper mit einem nährstoffreichen und sättigenden Mahl geflutet wird und ich nach dem Essen mehr Energie habe als vorher, und das über viele Stunden auch so bleibt. Kein Brainfog mehr, keine Hungerkrisen nur zwei Stunden nach der Mahlzeit, keine Blutzuckerachterbahn und vor allen Dingen ein entspannter und gut genährter Darm, eine mit vielen Aminosäuren gut gestärkte Muskulatur und genug Nährstoffe für alle Körperfunktionen, gesunde Knochen und, und, und.

All dies ist perfekt für die Ernährung der ganzen Familie, wie Sie noch sehen werden. Denn frische Küche mit vielen Nährstoffen ist für jede Altersgruppe wichtig, besonders für Heranwachsende und ältere Menschen. Aber dazu später mehr.

Lernen Sie jetzt erst mal mein Happy-Carb-Prinzip kennen und Sie werden sehen, dass Genuss und eine gesunde, kohlenhydratarme Ernährung prima zusammenpassen und ganz unkompliziert umzusetzen sind.

Mein Happy-Carb-Prinzip

MEIN HAPPY-CARB-PRINZIP

Als ich mich mit den unterschiedlichen Low-Carb-Varianten beschäftigt habe, hat mir überall etwas zugesagt und anderes fand ich blöd. Also habe ich mir meine eigenen Regeln gemacht, mit denen ich erfolgreich abgenommen und gleichzeitig meine Diabetes-Typ-2-Erkrankung in die Schranken gewiesen habe.

Bunt, gesund und sehr flexibel. So funktioniert Happy Carb:

Kohlenhydrate einschränken auf eine Menge von 50–100 Gramm pro Tag.

Bevorzugt essen: Reichlich buntes Gemüse und Salat, gelegentlich Hülsenfrüchte wie Linsen, Bohnen und Kichererbsen, zuckerarmes Obst in kleinen Mengen, Haferkleie und daraus hergestellte Backwaren.

Vermeiden zu essen: Getreideprodukte, Weizen, Dinkel, Roggen, Hafer (außer meiner geliebten Haferkleie), Nudeln, Backwaren, Reis, Kartoffeln, Mais, verschiedene Zucker/arten (enden mit -ose), Bananen, Trauben, Trockenobst, Süßigkeiten und ewig haltbare Fertiggerichte mit langen Zutatenlisten.

Eiweiß reichlich essen in einer Menge von 1–1,5 Gramm Eiweiß pro Kilogramm Normalgewicht (Körpergröße in Zentimeter minus 100).

Das Eiweiß in Form von »magerem« Fleisch (auf das Fett zumindest während der Abnehmphase wegen der eingeschränkten Energiezufuhr achten) und jeder Sorte Fisch (dabei regelmäßig fetten Fisch wegen der Omega-3-Fettsäuren) verzehren. Milchprodukte so fett, wie es der gute Geschmack erfordert. Finger weg von Light-Produkten. Gerne Eier. Auch ein hochwertiges Eiweißpulver als Zutat in der Küche erhöht die Zufuhr an gesundem Eiweiß. Keine Angst davor.

Gute Fette genießen, circa 1–1,5 Gramm pro Kilogramm Normalgewicht (Körpergröße in Zentimeter minus 100).

Bevorzugen: Olivenöl, Kokosöl (Kokosprodukte), Avocados, Butter aus Weidemilch, Nüsse – besonders Macadamias – und Nussöle, natives Bio-Rapsöl, Leinöl.

Reduzieren: Sonnenblumenöl, Sojaöl, Maiskeimöl, Distelöl, Traubenkernöl.

Vermeiden: Transfette und industriell verarbeitete gehärtete Fette, die häufig in Fertigprodukten vorkommen.

Sie sehen schon anhand der Bandbreiten bei den Makronährstoffen, dass genügend Spielraum da ist, die Ernährung abwechslungsreich und bunt zu gestalten. Kein Tag muss wie der andere aussehen. Eine bunte Palette von Lebensmitteln kann in den Speiseplan integriert werden.

Auch können Sie über die Stellschrauben Kohlenhydrate und Fett die Kalorienzufuhr in Richtung Gewichtsverlust oder eben auch in Richtung Gewichtserhaltung drehen.

Mir war einfach wichtig, dass sich die Ernährung durch die Einhaltung dieser schlichten Regeln automatisch sinnvoll gestaltet, ohne dass ich mich selbst mit ständigem Überwachen der Nährwerte und der Energiezufuhr terrorisieren musste. Das Leben bietet doch schönere Dinge, als das eigene Dasein permanent zu überwachen und zu optimieren.

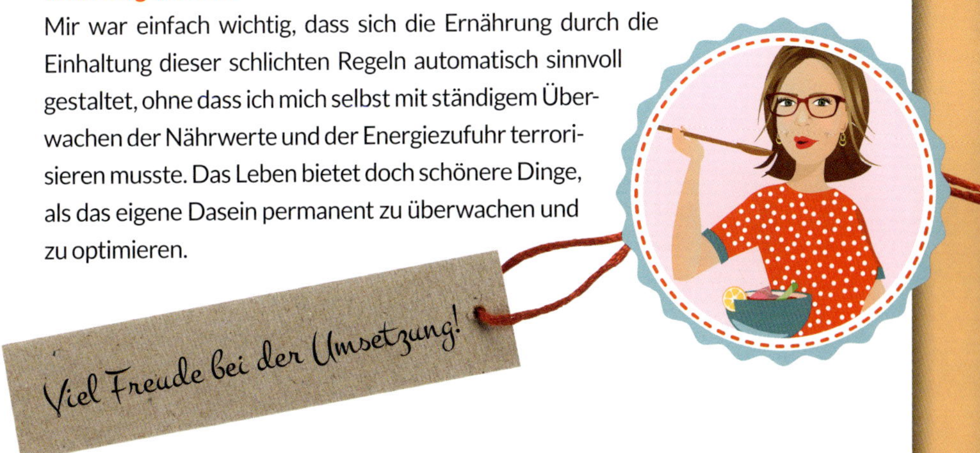

Low-Carb-Kochen für die Familie ist kein Hexenwerk

LOW-CARB-KOCHEN FÜR DIE FAMILIE IST KEIN HEXENWERK

Für die Familie zu kochen, ist in Millionen von Haushalten Alltag. Eigentlich ist es auch nicht schwer, seine Lieben mit leckeren Mahlzeiten zu versorgen. Und doch ist es eine tägliche Herausforderung, denn erst mal braucht es jeden Tag eine zündende Idee, was auf den Teller kommt. Dazu treffen heute immer öfter unterschiedliche Vorlieben und Geschmäcker aufeinander, die gelegentlich kollidieren. Da will die vegetarische Tochter lieber nicht die vom Vater geliebte Frikadelle, und der Junior lehnt trotzig alles ab, was nach Gemüse aussieht.

Die Großeltern müssen besonders gut mit Nährstoffen und Eiweiß versorgt werden, denn deren Fähigkeit, diese aufzunehmen, reduziert sich mit dem Alter. Auch Heranwachsende haben einen hohen Nährstoffbedarf. Ich denke hier beispielsweise an Kalzium, wenn es um den Knochenaufbau in der Kindheit geht, der die Basis bildet für eine lange Knochengesundheit für den Rest des Lebens. Im Alter geht es damit nämlich eher rückwärts, wenn nicht mit guter Ernährung, Bewegung und Vitamin D3 gegengesteuert wird. Die Weichen werden in der Kindheit gestellt. Schaut man sich an, dass heutzutage viele Kinder bewegungsarm leben und zu wenig Zeit in der Sonne verbringen, steht zu befürchten, dass Osteoporose in einigen Jahren nicht mehr nur eine Krankheit von alten Menschen sein wird.

Über all diesen Herausforderungen schwebt dann noch der Wunsch nach einer schnellen und einfachen Küche, mit wenig exotischen Zutaten und am Ende ist da die Regel Nummer eins: Es muss allen am Tisch gut schmecken.

Der gemeinsame Nenner: Leckerküche!

Wenn jetzt noch eine etwas spezielle Ernährungsform wie Low Carb dazukommt, dann kann es schwierig werden, und damit dem nicht so ist, gibt es dieses Buch. Wenn Sie also Ihre Ernährung auf Low Carb umgestellt haben oder umstellen wollen, finden Sie nun die Rezepte, die hoffentlich die ganze Familie glücklich machen.

Im Vordergrund steht für mich in erster Linie, dass die Familienrezepte allen schmecken. Daher habe ich mich auch an Zutaten orientiert, bei denen der gemeinsame Nenner groß ist. Der Kinderklassiker Nudeln mit Tomatensoße, den ich in Form einer Suppe präsentiere. Wenn Sie jetzt aufschrecken, weil ich das böse Wort Nudeln schreibe, dann gestehe ich schon mal gleich hier, dass es im Buch mehrfach Nudeln geben wird, weil diese eben bei Kindern sehr beliebt und dazu perfekt für knappes Zeitmanagement sind. Nudeln sind nämlich schnell gekocht. Aber Sie können es sich denken, denn ich nutze keine klassischen Weizennudeln, sondern setze auf Nudeln aus Hülsenfrüchten. Mehr Vitamine, mehr Mineralstoffe, mehr pflanzliches Eiweiß, mehr Ballaststoffe bei geringem Blutzuckeranstieg, trotz der höheren Zahl an Kohlenhydraten.

Wenn Sie Nudeln aus Hülsenfrüchten schon mal ausprobiert haben und diese nicht Ihren Anforderungen genügt haben, dann kann ich das gut verstehen. Ich habe mich selbst durch verschiedene Anbieter durchgetestet und die Ergebnisse waren teilweise erbärmlich, weil total pampig und geschmacksneutral. Daher gebe ich Ihnen den Tipp, unbedingt den italienischen Marktführer mit dem großen B am Anfang zu testen. Denn wenn die Italiener eins können, dann sind das perfekte Nudeln herzustellen, und zwar auch aus Hülsenfrüchten.

Mit Hackfleisch punkten Sie immer

Worauf setze ich noch? Auf Hackfleisch, das gerne in unterschiedlichen Variationen von Groß und Klein gegessen wird. Der Vorteil bei Hackfleisch ist außerdem, dass es auch ganz unproblematisch durch Hackersatz ausgetauscht werden kann, wenn vegetarische Esser mit am Tisch sitzen. Es gibt unterschiedliche Produkte, die nach persönlichen Vorlieben ausgewählt werden können. Um Frieden am Tisch zu haben, ist es manchmal notwendig, Vorbehalte abzubauen und etwas Neues zu probieren. Persönlich halte ich es aus Gründen der ausgewogenen Nährstoffzufuhr für einen Vorteil, in kleinen Mengen Fleisch und Fisch zu essen, kann aber auch verstehen, wenn Menschen aus ethischen Gründen darauf verzichten. Gerade bei der jungen Generation ist der Anteil der auf Fleisch verzichtenden Menschen höher – und dem will ich mit meinen flexiblen Rezepten entgegenkommen.

Gemüse geht (n)immer

Für Kinder kochen bedeutet manchmal auch, dass ein Kampf gegen das Gemüse geführt wird. Ich habe als Kind Gemüse sehr häufig abgelehnt, weil die Rezepte geschmacklich für mich langweilig waren und die Präsentation des Gemüses einfach nicht so war, wie man es mir als Kind hätte näherbringen können. Von daher ist es nicht schlecht, wenn das Gemüse nicht direkt immer gleich als Gemüse erkannt wird und dazu, wenn man nicht gleich verrät, was da gerade gut gelaunt in sich hineingeschaufelt wird.

Das Feedback meiner Leserinnen und Leser ist, dass diese häufig meine Gerichte der Familie präsentieren und die

Begeisterung groß ist. Hinterher wird dann verwundert die Frage gestellt, ob das jetzt wirklich Blumenkohl war, was sich da im Essen versteckt hat. Da greifen auf einmal fleischliebende Göttergatten und gemüsekritische Kinder doppelt zu, wenn der leckere Cheeseburger-Blumenkohlauflauf auf dem Tisch steht. Die Verpackung macht den Unterschied und dabei helfe ich Ihnen mit diesem Kochbuch.

Was es auf dem Familienteller braucht

Schaue ich beim Einkaufen in die Einkaufswagen der Menschen vor und hinter mir, und das mache ich wirklich gerne, dann staune ich häufig. Ich versuche mir immer vorzustellen, was bei den jeweiligen Menschen heute wohl gekocht wird. Leider wundere ich mich immer öfter, dass man dabei scheinbar fast ohne Gemüse auskommt. Gerade Mütter mit Kindern sehe ich manchmal mit einem Einkauf, der aus Tiefkühl-Pizza, Nuggets, Pommes, gesüßten Milchprodukten, hellen Schnittbroten und merkwürdigen Jugendgetränken mit zweifelhaften Inhaltsstoffen besteht. Es muss offensichtlich einfach und schnell gehen und gerade »Kinderlebensmittel« stehen hoch im Kurs.

Als ich mich damit auseinandergesetzt habe, was denn eine gute Familienküche ausmacht, da war mir gleich klar, dass es vor allen Dingen um eine gute Nährstoffversorgung geht, ohne dabei dogmatisch oder total abgehoben zu sein. Es sind doch die normalen Rezepte, die immer wieder gekocht werden, wenn es allen schmeckt.

Von daher bringt eine kohlenhydratreduzierte Ernährung eben sehr viele Vorteile für die Familienernährung. Denn schauen Sie, Low Carb sorgt für eine optimale Versorgung mit Vitaminen, Mineralstoffen und Spurenelementen, was gerade für Heranwachsende und ältere Menschen wichtig ist.

Low Carb ist dabei gerade für betagtere Menschen perfekt, die nicht mehr so viele Kohlenhydrate durch Bewegung verbrennen und häufig an metabolischen Defiziten wie einer Insulinresistenz oder sogar Diabetes leiden.

Im Gegenzug brauchen Senioren viel Vitamin B12, denn dieses kann mit zunehmendem Alter immer schlechter über den Darm aufgenommen werden. Vitamin B12 finden Sie übrigens in Fleisch und Milchprodukten.

Was mich gleich zum Eiweiß bringt, denn ohne eine ausreichende Zufuhr von Protein bauen wir alle Muskulatur ab. Dieser Umstand beschleunigt sich im Alter, was zu einer schlechteren Bewegungsfähigkeit führt und daraus resultiert dann noch mehr Muskelabbau. Sie haben vielleicht schon mal gehört oder gelesen, dass ältere Menschen an Sarkopenie leiden, und genau dieser Muskelschwund ist damit gemeint. Aber man kann dagegen anessen mit mehrfachen Eiweißportionen pro Tag und natürlich mit Bewegung.

Also unterstützen Sie doch Ihre Eltern oder Großeltern dabei, länger gesund und mobil zu bleiben und das Sturzrisiko zu vermindern.

Wenn Kinder am Tisch sind, wird es lustig.

Meiner Meinung nach ist es Aufgabe der Eltern, als gute Vorbilder beim Essen zu fungieren. Daher sind gemeinsame Mahlzeiten am Tisch auch so wichtig. Binden Sie ruhig die Kinder beim Schneiden des Gemüses ein und lassen Sie die Kids mit in den Kochtopf schauen. Wer bei der Zubereitung geholfen hat, dem schmeckt es gleich noch mal so gut. Dazu lernen Kinder auch gleich verschiedene Gemüse kennen. Außerdem wird es zur Normalität, dass regelmäßig gekocht wird und nicht nur aus der Dose aufgewärmt oder aus dem Tiefkühler aufgebacken.

Wenn Sie bei manchen Gerichten das Gefühl haben, Ihre Kinder brauchen noch eine Beilage, dann können Sie bei Bedarf etwas Reis oder einige Kartoffeln kochen. Ihre Kinder sind hoffentlich so agil und nicht übergewichtig, dass diese einige Kohlenhydrate mehr vertragen, sei es durch eine zusätzliche Beilage oder einen Nachtisch in Form von frischem Obst. Ich würde das situativ entscheiden und so handhaben, dass der Zusatzaufwand überschaubar bleibt.

Wichtig ist, dass die Kinder eine positive Einstellung zu gesundem Essen entwickeln und das klappt in der Gemeinschaft von Alt und Jung immer noch am besten.

Meine Rezepte eignen sich durchgängig für Kinder in einem Alter, wo das Risiko, sich an kleineren Stücken zu verschlucken, nicht mehr gegeben ist. Bei kleineren Kindern bitte hinschauen und keine Rezepte wählen, bei denen diese Gefahr besteht. Eine pürierte Gemüsesuppe ist sicher auch für Kleinkinder kein Problem, aber die Suppeneinlage dann besser weglassen.

Bei den Rezepten, wo ich mit mehr Schärfe arbeite, können Sie diese immer so dosieren, dass diese passend ist, je nachdem, was Ihre Kinder gewohnt sind und vertragen. Sie kochen ja

selbst und es ist klar, dass ein Teenager mehr Würze verträgt als ein sechsjähriges Kind. Im Gegensatz zur Fertigkost haben Sie hier alles selbst in der Hand und können entscheiden, wie scharf das Ergebnis sein soll. Salzen Sie für alle Esser moderat, denn gerade ältere Menschen sollen mit übermäßig viel Salz vorsichtig sein und mehr auf Kräuter und Gewürze setzen. Lieber bei Bedarf auf dem Teller nachsalzen, falls es denn notwendig sein sollte.

Süß oder nicht süß, ist nun die Frage.

Zucker in unseren Lebensmitteln ist ein Problem, denn der Haushaltszucker ist allgegenwärtig und gerade in Fertigprodukten im Dauereinsatz. Selbst da, wo man es nicht erwartet, ist Zucker in irgendeiner Form enthalten.

Gerade bei Lebensmitteln, die sich gezielt an Kinder richten, finde ich das auch richtig schlimm, denn ein nicht unerheblicher Anteil der Kinder ist heute schon übergewichtig. Gab es in meiner Schulzeit vielleicht mal ein oder zwei übergewichtige Kinder in einer Schulklasse, sind es heute manchmal fast $1/3$ der Kinder, die schon von frühester Kindheit an mit dem Gewicht zu kämpfen haben. Sicher ein multifaktorielles Problem, aber zu viel Zucker, gerade auch in Getränken, ist ein echter Faktor und befeuert diese ungesunde Situation sehr stark.

Ein Leben komplett ohne Süße ist nicht für jeden Menschen realistisch umsetzbar und sorgt eher dafür, dass Kinder das komplette Taschengeld in Süßigkeiten umsetzen, was auch nicht Ziel einer Verbotsernährung in Sachen Zucker sein kann.

Gleichzeitig ist es natürlich auch nicht unkritisch zu sehen, bei Kindern einen Zuckerersatz zu verwenden. Aber in Maßen halte ich das doch für vertretbar und habe mich in meinen Rezepten für den Zuckeraustauschstoff Erythrit mit einer Süßkraft von 70 % im Vergleich zum Zucker entschieden. Dazu verwende ich teilweise ein Stevia-Streupulver mit Erythrit mit der zweifachen Süßkraft von

Haushaltszucker. Beides kombiniert gibt eine schöne kalorienfreie Süße, die nicht künstlich schmeckt. Im Handel und in Drogeriemärkten gibt es auch Kombinationen, mit gleicher Süßkraft wie Haushaltszucker süßen. Auch diese Produkte funktionieren bei meinen Rezepten wunderbar. Sie müssen dann nur die Mengen über den Daumen umrechnen. Oder Sie lassen das die Kinder machen und üben beim Kochen gleich noch Rechnen.

Am Ende immer so wenig süßen wie möglich und das Ziel ist ganz klar, den Kindergaumen von Anfang an, an weniger süß zu gewöhnen. Auch Erwachsenen tut es ganz gut, wenn der Zuckerkonsum reduziert wird und eine Umgewöhnung stattfindet. Es ist übrigens wirklich so, dass sich das Empfinden verändert, wenn über einen längeren Zeitraum weniger und mit Erythrit gesüßt wird. Wenn ich heute »normal« gesüßte Dinge probiere, dann empfinde ich diese meist als unerträglich süß. Früher war das ganz anders. Also, auch als ehemaliger Zuckerjunkie kann sich die Geschmackswelt noch mal verändern.

Oder doch lieber Xylit?

Eventuell haben Sie schon mal von einem anderen Zuckeraustauschstoff mit dem Namen Xylit gehört. Ich habe mich in diesem Buch gegen die Verwendung von Xylit entschieden, denn die Verträglichkeitsgrenze ist wesentlich geringer, da Xylit über den Darm ausgeschieden wird. Die benötigten Mengen auf einen kleinen Kinderkörper gerechnet sind dann doch zu heikel und Xylit könnte schnell zu Bauchschmerzen, Blähungen oder Durchfall führen. Das Risiko ist beim Erythrit wesentlich geringer, denn der Zuckeraustauschstoff wird über die Nieren ausgeschieden und belastet den Verdauungstrakt kaum. Trotzdem: Auch hier bitte sparsam bei Kindern verwenden und nicht denken, dass man jetzt einen Freifahrtschein hat, um selbstgemachte Eistees bis zum Anschlag zu süßen.

Ein Wort nochmal zum Xylit, denn ein weiteres Argument gegen Xylit war für mich, dass dieser Zuckeraustauschstoff gefährlich für Hunde ist. Selbst kleine Mengen sind für Hunde bereits tödlich und ich weiß, wie viele Familien Hunde besitzen und ihre Fellnasen natürlich über alles lieben. Da will man dann kein Lebensmittel im Haus haben, das bei unbedachtem, versehentlichen Verzehr schlimme Folgen haben kann für das Tier.

Erythrit ist für Haustiere übrigens ungefährlich. Lediglich Fruchtfliegen haben ein ernstes Problem mit Erythrit. Also sollten Sie zu Ihrer persönlichen Freude in der Wohnung Fruchtfliegen als Haustiere halten, dann Obacht mit dem Zuckeraustauschstoff Erythrit. Wenn nicht, dann kann es jetzt losgehen.

So, jetzt stürzen wir uns aber in die Rezepte, denn viel Theorie hilft hier nicht weiter. Entschieden wird mit dem Gaumen. Ich wünsche Ihnen viele gemeinsame Familienmahlzeiten, bei denen am Ende alle zufrieden seufzen: War das gut!

Meine Low Carb Familienküche

55 alltagstaugliche Rezepte, die Groß und Klein schmecken

55 ALLTAGSTAUGLICHE REZEPTE, DIE GROSS UND KLEIN SCHMECKEN

ALLE GLÜCKLICH AN EINEM TISCH!

Frühstück für die ganze Familie

Gelöffelt wird gerne gemeinsam

Fleisch und Fisch für Allesesser

Entspannte leckere Veggieküche

Salate und Snacks für Groß und Klein

Bitte beachten Sie, dass sich die Rezepte auf eine unterschiedliche Anzahl von Portionen/Personen beziehen. Die genaue Information finden Sie direkt bei jedem einzelnen Rezept.

Bei den Gemüsemengen handelt es sich bei den Grammangaben immer um bereits geputzte, geschälte und kochfertig vorbereitete Mengen. Kaufen Sie je nach Produkt immer etwas mehr und größer ein, damit nach der Vorbereitung ungefähr die korrekte Menge zur Verfügung steht.

Alle Rezepte sind mit Nährwertangaben versehen. Basis der Berechnung sind die von mir tatsächlich verwendeten Zutaten. Abweichungen und Fehler sind trotz aller Sorgfalt nicht ausgeschlossen.

Frühstück für die ganze Familie

Der eine will süß, der andere herzhaft. Die Tochter braucht es schnell und kalt und die Oma genießt mit Muße ein warmes Frühstück. Alles gut, denn jeder soll mit seinem Wunschfrühstück glücklich werden. Rezeptideen gibt es hier gleich für jeden Geschmack. Wie wäre es am Wochenende mal mit einem ausgiebigen Frühstück mit der ganzen Familie und einem bunt gemischten Low-Carb-Frühstücksbuffet?

Erdbeermuffins mit Zimt

4 Muffins

100 g Skyr
2 Eier, Größe L
20 g Erythrit
1 TL Stevia-Streupulver mit Erythrit
50 g Mandelmehl, nicht entölt
25 g Kokosmehl
½ TL Backpulver
¼ TL Zimt, gemahlen
120 g Erdbeeren, in kleine Stücke geschnitten

Gemütlich daheim oder praktisch in der Schule ...

Den Backofen auf 180 °C Umluft vorheizen.

Den Skyr mit den beiden Eiern und den beiden Süßmitteln verrühren.

Die trockenen Zutaten vorweg mischen und dann unter die süße Skyr-Eiermischung rühren. Den Teig für einige Minuten ziehen lassen, damit das Kokosmehl quellen kann.

Zum Schluss noch die Erdbeerstücke unterheben und den Teig in 4 Silikon-Muffinförmchen füllen. Für 25–30 Minuten backen und dann abkühlen lassen.

Nährwerte pro Muffin:
Kilokalorien: 167, Fett: 10,5 g, Kohlenhydrate: 4,7 g, Eiweiß: 10,8 g

Spinat-Feta-Sandwichrolle

4 Stücke

Popeye lässt grüßen ...

Für den Belag:
15 ml Olivenöl nativ extra (1 EL)
75 g rote Zwiebel, fein gehackt
2 Knoblauchzehen, fein gehackt
400 g TK-Blattspinat, aufgetaut und das Wasser fest ausgedrückt, gehackt (TK-Gewicht)
1 Ei, Größe M
150 g Feta, fein gehackt
75 g Manchego-Käse, grob gerieben
Salz und Pfeffer

Für die Teigrolle:
2 Eier, Größe M
150 g Magerquark
50 g Haferkleie
¼ TL Salz

Den Backofen auf 180 °C Umluft vorheizen.

Einen Esslöffel Olivenöl in einem Topf erhitzen und die Zwiebelwürfel glasig anbraten. Dann die gehackten Knoblauchwürfel kurz mitbraten und anschließend den gehackten Blattspinat untermischen. Die Spinatpfanne kräftig mit Salz und Pfeffer würzen. Den Topf vom Herd nehmen und das Gemüse für 4–5 Minuten abkühlen lassen. Danach das flüssige Ei unterrühren und den gehackten Feta unterheben.

Für den Rollenteig die Eier mit dem Quark verrühren und die übrigen Bestandteile unterrühren. Dann den Teig auf ein mit Backpapier belegtes Blech streichen, in einer Größe von 25 × 30 cm. Die Teigplatte für 15 Minuten im Ofen backen.

Die Teigplatte aus dem Ofen nehmen und diese mit dem Backpapier auf einem zweiten Blatt Backpapier um 180 ° auf den Kopf drehen. Kurz abdampfen lassen und das obere Blatt Backpapier vom gebackenen Teig vorsichtig abziehen. Auf dem Teigboden nun die Spinat-Fetamasse verteilen und darüber den geriebenen Manchego-Käse streuen. Den bedeckten Boden erneut für 5–6 Minuten backen und dann aus dem Ofen nehmen.

Nun die Teigplatte von der breiten Seite her aufrollen. Die Sandwichrolle in 4 Teile schneiden. Die Spinat-Feta-Sandwichrolle schmeckt warm und kalt und zu jeder Tageszeit.

Nährwerte pro Stück:
Kilokalorien: 378, Fett: 24,9 g, Kohlenhydrate: 10,5 g, Eiweiß: 25,6 g

Mandarinen-Quarkspeise mit Kokos

2 Portionen

30 g Kokoschips
2 TL Erythrit
250 g Magerquark
50 ml Kokosmilch
2 TL Stevia-Streupulver mit Erythrit
175 g Mandarinen, aus der Dose, ungezuckert, abgetropft

Eine Pfanne ohne Fett erhitzen und die Kokoschips goldgelb rösten. Das Erythrit zufügen und schmelzen lassen und dann die süßen Kokoschips unter gelegentlichem Rühren abkühlen lassen.

In einer Schüssel den Magerquark mit der Kokosmilch und dem Stevia-Streupulver verrühren. Dann noch die Dosenmandarinen unterheben und die fruchtige Quarkcreme in 2 Portionen aufteilen. Nun die Quarkspeise mit den gerösteten Kokoschips bestreuen.

Nährwerte pro Portion:
Kilokalorien: 269, Fett: 14,4 g, Kohlenhydrate: 15,3 g, Eiweiß: 17,0 g

Low-Carb-Schokoladenbrötchen

4 Brötchen

125 g fettarmer Mozzarella, in kleine Würfel geschnitten
2 Eier, Größe M
75 ml Kokosmilch
60 g Kokosmehl
80 g Haferkleie
2 TL Backpulver
3–4 TL Stevia-Streupulver mit Erythrit
50 g Schokolade, 70 % Kakao, gehackt

Den Backofen auf 180 °C Umluft vorheizen.

Die Mozzarellawürfel und die beiden Eier gemeinsam pürieren. Die Creme in eine Rührschüssel füllen und die Kokosmilch dazugießen.

Die trockenen Zutaten für die Brötchen vorweg mischen und dann unter die nassen Zutaten in der Schüssel rühren.

Den Teig für 10 Minuten ziehen lassen und anschließend 4 Brötchen daraus formen. Die Brötchen auf ein Blech mit Backpapier leben und leicht kreuzweise einschneiden. Für 25–30 Minuten backen und danach auf einem Kuchenrost abkühlen lassen.

Die Brötchen schmecken bestrichen mit einem Nussmus und belegt mit frischen Erdbeeren oder anderem Obst total lecker.

Nährwerte pro Brötchen:
Kilokalorien: 323, Fett: 18,2 g, Kohlenhydrate: 16,6 g, Eiweiß: 16,6 g

Erbsen-Schmarrn mit Lachs und Tomaten

1 Portion

Die Menge einfach passend auf mehr Köpfe skalieren …

120 g TK-Erbsen
2 Eier, Größe M
5 ml Olivenöl nativ extra (1 TL)
100 g Kirschtomaten, geviertelt
75 g Räucherlachs, in Streifen geschnitten
25 g Gouda, mittelalt, gerieben
Salz und Pfeffer

Die TK-Erbsen in etwas Wasser für 6–7 Minuten kochen.

Dann in einem Sieb abgießen und mit kaltem Wasser abschrecken. Die gekochten Erbsen mit den beiden Eiern gemeinsam pürieren und die Mischung mit Salz und Pfeffer abschmecken.

Eine nicht zu große Pfanne (24 cm Durchmesser) mit einem Teelöffel Olivenöl auspinseln. Die Pfanne auf dem Herd erhitzen und anschließend die Eier-Erbsenmischung hineingeben. Den Pfanneninhalt bei mittlerer Hitzezufuhr für 4–5 Minuten stocken lassen. Dann mit dem Pfannenwender vierteln und die Stücke in der Pfanne drehen. Kurz braten und anschließend die Viertel in mundgerechte Stücke zerteilen. Die Lachsstreifen und die geviertelten Tomaten über dem Erbsenschmarrn verteilen und alles mit dem geriebenen Gouda bestreuen.

Den Herd ausschalten und die Pfanne mit einem Deckel verschließen. So alles für 5–6 Minuten warm ziehen und den Käse schmelzen lassen.

Nährwerte pro Portion:
Kilokalorien: 522, Fett: 32,0 g, Kohlenhydrate: 15,0 g, Eiweiß: 40,3 g

Kokosquark mit Erdbeeren und Schokolade

2 Portionen

250 g Magerquark
75 ml Kokosmilch
2 TL Stevia-Streupulver mit Erythrit
20 g Kokosraspel
30 g Schokolade, 70 % Kakao, gehackt
150 g Erdbeeren, in kleine Stücke geschnitten

Naschen schon zum Frühstück ...

Den Magerquark mit der Kokosmilch und dem Stevia-Streupulver verrühren. Dann die Kokosraspel, die gehackte Schokolade und $^2/_3$ der Erdbeerstücke unterrühren.

Den fruchtigen Kokosquark in 2 Schalen füllen und mit den restlichen Erdbeerstücken bestreuen.

Nährwerte pro Portion:
Kilokalorien: 335, Fett: 21,2 g, Kohlenhydrate: 15,4 g, Eiweiß: 18,0 g

Cashew-Chia-Pausenbrot

1 Batzenform 14,5 × 10,5 cm = 15 Scheiben

250 g Joghurt, 3,5 % Fett
75 ml Mineralwasser, mit Kohlensäure
2 Eier, Größe L
1 TL Senf, mittelscharf
140 g Haferkleie
50 g Goldleinsamenmehl, entölt
80 g Cashewkerne, gemahlen
100 g gesalzene und geröstete Cashewkerne, gehackt
50 g Chiasamen
2 TL Backpulver
1 TL Salz

Den Backofen auf 180 °C Umluft vorheizen.

Belegte Brote sind der Pausenklassiker …

Aus den Zutaten auf einen Schlag einen Teig rühren und diesen für 5–10 Minuten quellen lassen. Den Teig in die Batzenform füllen und längs mit dem Messer einschneiden.

Anschließend für 60–65 Minuten im Ofen backen. Das Brot im Ofen nach etwa der halben Zeit mit Alufolie abdecken, damit es nicht verbrennt.

Nährwerte pro Scheibe:
Kilokalorien: 155, Fett: 9,1 g, Kohlenhydrate: 8,8 g, Eiweiß: 7,7 g

Tomatige Hüttenkäse-Schinkenpralinen

2 Portionen

Eiweißpower für Häppchenliebhaber ...

Für das Tomatendressing:
1 TL Tomatenmark, doppelt konzentriert
15 ml Olivenöl nativ extra (1 EL)
½ TL Senf, mittelscharf
2 TL heller Balsamico-Essig
1–2 EL Wasser
½ TL Dill, frisch oder TK
Salz und Pfeffer

Für die Schinkenpralinen:
150 g Hüttenkäse/körniger Frischkäse
100 g Avocado, das Fruchtfleisch klein gewürfelt
100 g Kirschtomaten, in kleine Stücke geschnitten
100 g Radieschen, in kleine Würfel geschnitten
2 TL Sahne-Meerrettich
2 TL Dill, frisch oder TK
200 g gekochter Schinken in hauchdünnen runden Scheiben von etwa 8 cm Durchmesser
Salz und Pfeffer

Die Zutaten für das Tomatendressing anrühren.

Den Hüttenkäse mit den Zutaten bis zum Dill verrühren und die Masse mit Salz und Pfeffer abschmecken. Auf jede kleine Scheibe Schinken einen Teelöffel von der Füllung geben und dann oben und unten und anschließend die Seiten vom Schinken umschlagen, dass kleine Päckchen entstehen.

Die Schinkenpäckchen mit der Öffnung nach unten direkt auf 2 Teller legen. Dort mit dem angerührten Tomatendressing beträufeln.

Nährwerte pro Portion:
Kilokalorien: 418, Fett: 30,0 g, Kohlenhydrate: 10,8 g, Eiweiß: 25,1 g

Schoko-Haferpudding mit Apfel und Knuspernüssen

1 Portion

Haferkleieflocken lösen sich ganz fein auf …

200 ml Milch (alternativ Hafermilch)
30 g Haferkleieflocken
1–2 TL Stevia-Streupulver mit Erythrit
20 g Schokolade, 70 % Kakao
20 g Mandelmus
20 g Haselnüsse, ohne Haut, grob gehackt
1 TL Erythrit
50 g säuerlicher Apfel, in kleine Stücke geschnitten

Die Milch auf dem Herd in einem kleinen Topf erwärmen und die Haferkleieflocken einrühren. Für 5 Minuten in der heißen Milch quellen lassen. Dann das Stevia-Streupulver und die Schokolade einrühren, bis sich alles gut aufgelöst und verteilt hat.

Den Topf vom Herd nehmen und das Mandelmus unterrühren. Am Ende nochmal abschmecken, ob die Süße ausreicht und bei Bedarf noch nachsüßen. Den warmen Schoko-Haferpudding in ein kaltes Schälchen umfüllen und abkühlen lassen. Gerne auch über Nacht, dann ist der Haferpudding startbereit fürs Frühstück.

In einer kleinen Pfanne die gehackten Haselnüsse fettfrei rösten und am Ende einen Teelöffel Erythrit untermischen. Anschließend unter gelegentlichem Rühren abkühlen lassen.

Den Hafer-Schokopudding mit den Apfelstücken und den Knuspernüssen anrichten.

Nährwerte pro Portion:

Kilokalorien: 640, Fett: 42,4 g, Kohlenhydrate: 36,9 g, Eiweiß: 21,2 g

Veganer Nusstraum mit Himbeeren

2 Portionen

400 g veganer Kokosjoghurt
(aus Kokosmilch)
30 g Haselnussmus
30 g Mandelmus
2 TL Stevia-Streupulver mit Erythrit
1 Msp. Bourbon-Vanille, gemahlen
40 g Pekannüsse, grob gehackt
1 EL Erythrit
125 g Himbeeren

Nussig fein ...

Den Kokosjoghurt mit den beiden Nussmusen, dem Stevia-Streupulver und der Bourbon-Vanille aromatisieren.

Die gehackten Pekannüsse in einer Pfanne fettfrei rösten und am Ende das Erythrit untermischen und schmelzen lassen. Unter gelegentlichem Rühren abkühlen lassen.

Die Nusscreme mit den Nüssen und den Himbeeren in zwei Schälchen anrichten.

Nährwerte pro Portion:
Kilokalorien: 557, Fett: 47,4 g, Kohlenhydrate: 17,6 g, Eiweiß: 9,4 g

Gelöffelt wird gerne gemeinsam

Was gibt es Schöneres, als wenn die ganze Familie zufrieden am Tisch sitzt und eine Suppe oder einen Eintopf löffelt. Für jeden Geschmack habe ich etwas dabei. Die Suppeneinlagen können Sie auch gerne variieren oder weglassen. So bekommen Sie unterschiedliche Geschmäcker und Ernährungsvorlieben prima an einen gemeinsamen Topf. Reste schmecken am Tag darauf gleich noch mal so gut, also gerne größere Mengen kochen und Aufwand sparen.

Bohneneintopf Feuerzauber Texas

5 Portionen

15 ml Olivenöl nativ extra (1 EL)
200 g Paprika-Kabanossi, in halbierte Scheiben geschnitten
125 g Bacon-Würfel
250 g Gemüsezwiebel, gehackt
1 TL rote Currypaste (Schärfe bei Bedarf reduzieren)
2 Knoblauchzehen, gehackt
200 g Karotten, gewürfelt
200 g Süßkartoffel, gewürfelt
150 g rote Paprika, gewürfelt
150 g orange Paprika, gewürfelt
250 g TK-Prinzessbohnen
300 g Kirschtomaten, geviertelt
2 EL Tomatenmark, doppelt konzentriert
2 EL Sriracha-Soße (Schärfe bei Bedarf reduzieren)
2 TL Worcester-Soße
600 ml Geflügel-Knochenbrühe oder Hühnerbrühe
50 ml Ketchup, zuckerfrei
25 g Frischkäse
400 g Baked Beans/gebackene Bohnen, aus der Dose (weiße Bohnen mit Tomatensoße)
240 g Cannellini-Bohnen (Abtropfgewicht), alternativ weiße Bohnen, aus der Dose, abgespült und abgetropft
255 g Kidney-Bohnen, aus der Dose, abgespült und abgetropft
Salz und Pfeffer

Erinnert an eine Dosensuppe vom Discounter …

Einen großen Topf nehmen und einen Esslöffel Olivenöl erhitzen. Darin die Paprika-Kabanossischeiben anbraten und dann aus dem Topf nehmen.

Anschließend die Baconwürfel im Topf anbraten. Nun die Zwiebelwürfel zufügen und diese glasig braten. Am Ende noch die Currypaste und die Knoblauchwürfel untermischen und beides kurz anrösten.

Danach das Gemüse bis zu den TK-Prinzessbohnen zufügen und alles gemeinsam für 3–4 Minuten braten. Dann die Kirschtomaten, das Tomatenmark, die beiden Würzsoßen, die Geflügelbrühe und das zuckerfreie Ketchup unterrühren. Den Eintopf nun für 10–12 Minuten kochen lassen. Anschließend den Frischkäse, die Dose mit den gebackenen Bohnen, die Cannellini-Bohnen und die Kidneybohnen zum Bohneneintopf geben. Final mit Salz und Pfeffer abschmecken und loslöffeln.

Nährwerte pro Portion:
Kilokalorien: 524, Fett: 22,1 g, Kohlenhydrate: 49,4 g, Eiweiß: 26,8 g

Gemüsesuppe mit Fleischklößchen

4 Portionen

Für die Fleischklößchen:
250 g mageres Rinderhackfleisch
200 g Schweinemett (gewürztes Schweinehackfleisch) oder grobes rohes Wurstbrät
100 g TK-Blattspinat, aufgetaut, das Wasser ausgedrückt und mit dem Messer gehackt (TK-Gewicht)
1 Ei, Größe L
20 g Haferkleie
2 TL Gemüsebrühe, als Pulver
2 TL Zwiebelgranulat (aus dem Gewürzregal)
1 TL Majoran, frisch oder getrocknet
1 TL Thymian, frisch oder getrocknet
Salz und Pfeffer

Da sagt niemand nein …

Für die Gemüsesuppe
30 ml Olivenöl nativ extra (2 EL)
250 g Gemüsezwiebel, gehackt
700 g Blumenkohl, in kleine Röschen geschnitten
250 g Karotten, in Würfel geschnitten
250 g Kohlrabi, in Würfel geschnitten
250 g Lauch, in Ringe geschnitten
200 g Knollensellerie, gewürfelt
150 g TK-Erbsen
1,5 l Gemüsebrühe
2 TL Liebstöckel, frisch oder getrocknet
2 EL Petersilie, gehackt
Salz und Pfeffer

Aus den Zutaten für die Fleischklößchen einen Fleischteig rühren und diesen kräftig abschmecken.

In einem großen Topf zwei Esslöffel Olivenöl erhitzen und die Gemüsezwiebel glasig anbraten. Dann das komplette Gemüse, die Gemüsebrühe und den Liebstöckel zufügen und die Suppe für 7–8 Minuten kochen lassen.

Anschließend mit einem Teelöffel kleine Klößchen vom Fleischteig in die Suppe geben und diese mit dem Gemüse für weitere 7–8 Minuten gar ziehen lassen.

Am Ende die Gemüsesuppe mit Salz und Pfeffer abschmecken und auf dem Teller noch mit der gehackten Petersilie bestreuen.

Wenn fleischlose Esser am Tisch dabei sind, dann teilen Sie die Suppe, bevor Sie die Fleischklößchen hineingeben, auf.

Nährwerte pro Portion:
Kilokalorien: 528, Fett: 27,1 g, Kohlenhydrate: 25,0 g, Eiweiß: 36,4 g

Bauerntopf mit Kürbis und Hack

4 Portionen

15 ml Olivenöl nativ extra (1 EL)
250 g Gemüsezwiebel, gehackt
2 Knoblauchzehen, gehackt
400 g mageres Rinderhackfleisch (alternativ Veggie-Hackersatz)
600 g Butternut-Kürbis, in 1–2 cm große Würfel geschnitten (alternativ Kohlrabi oder Steckrübe)
250 g Karotten, in Scheiben geschnitten
400 g Paprika, bunt gemischt, gewürfelt
2 TL Majoran, getrocknet
1 TL Thymian, getrocknet
1 TL Paprikapulver, rosenscharf
1 TL Paprikapulver, edelsüß
1 TL Erythrit
400 g gehackte Tomaten, aus der Dose
400 ml Hühnerbrühe oder Gemüsebrühe
2 EL helle Sojasoße
40 g Frischkäse
Salz und Pfeffer

Da schmatzt die ganze Familie …

Einen großen Topf auf den Herd stellen und einen Esslöffel Olivenöl erhitzen. Die Zwiebelwürfel glasig anbraten und gegen Ende noch die Knoblauchwürfel untermischen.

Die gebratenen Zwiebeln an den Topfrand schieben und in der Mitte das Rinderhackfleisch (oder den alternativen Veggie-Hackersatz) krümelig braten und dann alles durchmischen.

Nun die Kürbiswürfel (oder Kohlrabi- oder Steckrübenwürfel) und die Karottenwürfel zufügen und diese mit der Zwiebel-Hackmischung für 2–3 Minuten braten.

Als Nächstes die Paprikawürfel untermischen und mit dem anderen Gemüse für 1–2 Minuten braten. Danach die Gewürze und das Erythrit in das Essen rühren. Anschließend mit den gehackten Dosentomaten und der Hühnerbrühe ablöschen. Die beiden Esslöffel Sojasoße zum Hackfleischtopf geben und alles für 14–15 Minuten kochen lassen.

Zum Schluss noch den Frischkäse unterrühren und den fertigen Bauerntopf mit Salz und Pfeffer abschmecken.

Nährwerte pro Portion:
Kilokalorien: 417, Fett: 19,7 g, Kohlenhydrate: 30,0 g, Eiweiß: 26,6 g

Indische Linsensuppe Dal

4 Portionen

15 g Kokosöl
100 g Zwiebel, fein gewürfelt
2 Knoblauchzehen, fein gewürfelt
1 EL Ingwer, fein gewürfelt
1 TL Sambal Oelek (weglassen, wer keine Schärfe verträgt)
1 TL Kreuzkümmel, gemahlen
2 TL Currypulver
1 TL Kurkuma, gemahlen
1 TL Koriander, gemahlen
100 g Karotte, fein gewürfelt
200 g rote Linsen
150 g Kirschtomaten, in kleine Stücke geschnitten
850 ml Gemüsebrühe
40 g Tomatenmark, doppelt konzentriert
3 TL Limettensaft, frisch gepresst
1 TL Erythrit
250 ml Kokosmilch
2 EL frischer Koriander, gehackt
Salz und Pfeffer

In einem größeren Topf das Kokosöl erhitzen und die Zwiebelwürfel glasig anbraten. Dann den Knoblauch zufügen und diesen für eine Minute braten. Anschließend die ganzen Gewürze in den Topf geben und diese kurz rösten. Nun die Karottenwürfel, die roten Linsen und die klein geschnittenen Kirschtomaten untermischen.

Den duftenden Topf mit der Gemüsebrühe ablöschen und das Tomatenmark, den Limettensaft, das Erythrit und die Kokosmilch hinzufügen. Die Suppe für 20–25 Minuten köcheln lassen und dann noch mit Salz und Pfeffer abschmecken.

Unbedingt prüfen, ob die Linsen weich sind, sonst nochmal 5–10 Minuten Kochzeit zugeben.

Zum Schluss noch den frischen Koriander untermischen.

Nährwerte pro Portion:
Kilokalorien: 370, Fett: 17,4 g, Kohlenhydrate: 34,4 g, Eiweiß: 15,7 g

Indische Küche kommt auch bei der Familie an …

Brathähnchen-Gemüsesuppe

4 Portionen

Für das Brathähnchen:
600 g Pollo Fino (Hähnchenoberkeule, ohne Knochen, mit Haut)
15 ml Olivenöl nativ extra (1 EL)
2 EL helle Sojasoße
1 ½ TL Paprikapulver, edelsüß
½ TL Currypulver
¼ TL Kreuzkümmel, gemahlen
Salz und Pfeffer

Brathähnchen im Easy-Style …

Für die Gemüsesuppe:
15 ml Olivenöl nativ extra (1 EL)
250 g Gemüsezwiebel, gehackt
2 Knoblauchzehen, gehackt
150 g Knollensellerie, gewürfelt
250 g Karotten, gewürfelt
250 g Lauch, in Ringe geschnitten
250 g Süßkartoffel, gewürfelt
1,5 l Gemüsebrühe
100 ml Sahne
100 ml Milch, 3,5 % Fett
4 EL Petersilie, gehackt
Salz und Pfeffer

Den Backofen auf 180 °C Umluft vorheizen.

Die Pollo Finos in eine Gefriertüte oder in einen anderen Behälter legen und dann die restlichen Würzzutaten hinzufügen. Alles gut durchmischen und das Fleisch für 2–3 Stunden durchziehen lassen. Anschließend die gewürzten Hähnchenteile mit der Haut nach oben in eine Ofenform legen und diese für 30 Minuten im Ofen braten.

In der Zwischenzeit einen großen Suppentopf nehmen, darin einen Esslöffel Olivenöl erhitzen und die Gemüsezwiebelwürfel glasig anbraten. Die Knoblauchwürfel zufügen und diese kurz anschwitzen. Dann das komplette Gemüse bis zu den Süßkartoffelwürfeln in den Topf geben und alles zusammen für 2–3 Minuten braten.

Anschließend mit der Gemüsebrühe ablöschen und die Suppe für 20 Minuten kochen lassen. Danach die Suppe fein pürieren. Nun noch die Sahne und die Milch unterrühren, die Gemüsesuppe mit Salz und Pfeffer abschmecken und die gehackte Petersilie zufügen.

Die Hähnchenteile aus dem Ofen nehmen und heiß in Streifen schneiden. Die Suppe in Schalen anrichten und die Hähnchenstreifen in die Suppe legen.

Nährwerte pro Portion:
Kilokalorien: 558, Fett: 34,2 g, Kohlenhydrate: 25,9 g, Eiweiß: 32,1 g

Erbseneintopf mit Stremellachs

4 Portionen

Die klassische Erbsenkanone, leicht abgewandelt ...

200 g getrocknete grüne Erbsen
15 ml Olivenöl nativ extra (1 EL)
100 g Zwiebel, fein gehackt
2 Knoblauchzehen, fein gehackt
1,5 l Gemüsebrühe
2 TL Majoran, getrocknet
2 Lorbeerblätter
150 g Knollensellerie, in kleine Würfel geschnitten
200 g Karotten, in kleine Würfel geschnitten
200 g Lauch, in Ringe geschnitten
250 g Stremellachs, (heißgeräucherter Lachs) in kleine Stücke zerteilt
100 g Schmand, 24 % Fett
3 TL Dill, frisch oder TK
Salz und Pfeffer

Die getrockneten grünen Erbsen mindestens für 12 Stunden in kaltem Wasser einweichen. Länger, auch über Nacht ist kein Problem. Dann abgießen und abtropfen lassen.

In einem mittelgroßen Topf einen Esslöffel Olivenöl erhitzen und die Zwiebelwürfel darin glasig anbraten. Dann die Knoblauchwürfel zufügen und kurz mitbraten. Anschließend die Erbsen in den Topf geben und die Gemüsebrühe hineingießen. Die Gewürze in die Suppe geben und die Erbsensuppe so für 60 Minuten zugedeckt kochen lassen.

Im nächsten Arbeitsschritt die Sellerie-, die Karottenwürfel und die Lauchringe zur Suppe geben und diese für weitere 25–30 Minuten kochen lassen.

Nach der Kochzeit die Lorbeerblätter entfernen. Nun mit dem Pürierstab die Suppe soweit zerkleinern, wie es dem persönlichen Geschmack entspricht.

Schön wird es, wenn man den Pürierstab an 3–4 Stellen im Topf für 2–3 Sekunden laufen lässt. Dann wird die Suppe sämig, hat aber auch noch einige Stücke drin.

Danach die Stremellachsstücke, den Schmand und den Dill unterrühren. Die Erbsensuppe nun noch mit Salz und Pfeffer final abschmecken.

Wenn Stremellachs bei Ihren Kindern nur ein großes Bäh hervorruft, dann tauschen Sie ihn gegen geräucherte Wiener Würstchen und schneiden Sie diese in Scheiben. Oder teilen Sie die Suppe am Ende auf und machen Sie einfach schnell zwei Versionen, wenn Sie sich die Omega-3-Fettsäuren nicht durch die Lappen gehen lassen wollen.

Nährwerte pro Portion:
Kilokalorien: 442, Fett: 18,5 g, Kohlenhydrate: 29,5 g, Eiweiß: 31,6 g

Fruchtige Tomaten-Nudelsuppe mit Cheddar

4 Portionen

200 g Muschelnudeln, aus Hülsenfrüchten (alternativ Rote-Linsen-Spirelli)
15 ml Olivenöl nativ extra (1 EL)
75 g rote Zwiebel, fein gehackt
500 g Kirschtomaten, geviertelt
75 g Tomatenmark, doppelt konzentriert
100 g Apfelmark, ungezuckert, aus dem Glas
3 TL Erythrit
800 ml Gemüsebrühe
500 ml passierte Tomaten
1 TL Thymian, frisch oder getrocknet
80 g Cheddar, grob gerieben
Salz und Pfeffer

Die Muschelnudeln nach Packungsangabe kochen und in einem Küchensieb abgießen.

In einem Topf einen Esslöffel Olivenöl erhitzen und die roten Zwiebelwürfel darin glasig anbraten. Dann die geviertelten Kirschtomaten mit anrösten und kurz darauf das Tomatenmark, das Apfelmark und das Erythrit untermischen. Nun die tomatige Basis mit der Gemüsebrühe und den passierten Tomaten ablöschen und noch den Thymian zufügen. Die Suppe für 10 Minuten kochen lassen.

Am Ende die gekochten Muschelnudeln in die Suppe geben und diese kurz warm ziehen lassen. Die Suppe final mit Salz und Pfeffer abschmecken. Dann nur noch anrichten, mit dem Cheddar bestreuen und genießen.

Nährwerte pro Portion:
Kilokalorien: 365, Fett: 11,8 g, Kohlenhydrate: 39,2 g, Eiweiß: 21,9 g

Der Hit bei Kindern …

Karotten-Kartoffelsuppe mit gebratenem Fleischkäse

4 Portionen

Da seufzt die Familie im Chor vor Wonne ...

30 ml Olivenöl, nativ extra (2 EL)
75 g Zwiebel, gehackt
1 Knoblauchzehe, gehackt
100 g Knollensellerie, gewürfelt
400 g Karotten, gewürfelt
150 g Lauch, in Ringe geschnitten
2 TL Majoran, getrocknet
1,5 Liter Gemüsebrühe
30 g Kartoffelfasern
2 TL Erythrit
125 g Kräuterfrischkäse
1 Msp. Muskatnuss, gerieben
300 g (Zwiebel-)Fleischkäse, in Streifen geschnitten
Salz und Pfeffer

Einen Esslöffel Olivenöl erhitzen und die Zwiebelwürfel darin glasig anbraten. Die gehackte Knoblauchzehe hinzufügen und diese kurz anrösten.

Das ganze Gemüse hinzugeben und dieses für 1–2 Minuten anschwitzen. Nun den Majoran unterrühren und dann noch mit der Gemüsebrühe ablöschen. Anschließend die Suppe für 15 Minuten köcheln lassen.

Nun die Kartoffelfasern und das Erythrit unterrühren und die Suppe für 5 Minuten ziehen lassen. Danach die Suppe mit dem Pürierstab zerkleinern und den Kräuterfrischkäse und die geriebene Muskatnuss untermischen. Die Suppe zum Schluss noch mit Salz und Pfeffer abschmecken. Falls die Suppe zu dick sein sollte, dann etwas weitere Gemüsebrühe hinzufügen.

In einer Pfanne den zweiten Esslöffel Olivenöl erhitzen und die (Zwiebel-)Fleischkäsestreifen für 2–3 Minuten braten.

Dann die Suppe in tiefe Teller füllen und die (Zwiebel-)Fleischkäsestreifen in die Suppe legen.

Nährwerte pro Portion:
Kilokalorien: 463, Fett: 33,6 g, Kohlenhydrate: 10,8 g, Eiweiß: 19,1 g

Familienpartytaugliche Ofensuppe

6 Portionen

15 ml Olivenöl nativ extra (1 EL)
750 g Hähnchen-Oberkeulensteaks, in Streifen geschnitten
400 g Gemüsezwiebeln, in Ringe geschnitten
500 g Paprika (rot, orange, gelb, grün), in 2–3 cm große Würfel geschnitten
400 g Weißkohl, ohne Strunk, in Streifen geschnitten
200 g TK-Erbsen
435 g Dose Ananasstücke, ohne Zuckerzusatz, komplett, ohne Abtropfen
400 g stückige Tomaten, aus der Dose
250 g Kirschtomaten, halbiert
100 ml Ketchup, zuckerfrei
1 l Hühnerbrühe oder Gemüsebrühe
50 g Tomatenmark, doppelt konzentriert
1–2 TL Sambal Oelek (nach Geschmack zufügen)
2 TL Currypulver
2 TL Paprikapulver, edelsüß
2 TL Oregano, getrocknet
150 g Schmand, 24 % Fett
Salz und Pfeffer

Der Star auf jeder Familienparty …

Den Backofen auf 180 °C Umluft vorheizen.

In einem Topf einen Esslöffel Olivenöl erhitzen und die Hähnchenstreifen für 2–3 Minuten braten. Das Fleisch dann in einen großen Bräter oder eine Ofenform mit großem Fassungsvermögen umfüllen. Im Bratfett die Gemüsezwiebelringe für 2–3 Minuten braten, die dabei gerne etwas Farbe bekommen dürfen. Die Zwiebelringe ebenfalls in die Ofenform umfüllen.

Nun das komplette Gemüse in der Ofenform verteilen. Danach die Ananasstücke mit dem Ananassaft, der in der Dose enthalten ist, zufügen. Jetzt die Dosentomaten, die Kirschtomaten und das Ketchup verteilen. Anschließend die

Hühnerbrühe erwärmen und drin das Tomatenmark, das Sambal Oelek, Curry- und Paprikapulver und den Oregano mit einem Schneebesen unterrühren. Die würzige Brühe in die Ofenform gießen und alles für 90 Minuten in den Backofen stellen. Zwischendurch 3-mal durchmischen, damit nichts anhängt und es von oben nicht schwarz wird.

Danach die Ofensuppe aus dem Backofen nehmen, den Schmand unterrühren und die fertige Suppe mit Salz und Pfeffer abschmecken.

Nährwerte pro Portion:
Kilokalorien: 435, Fett: 18,9 g, Kohlenhydrate: 31,2 g, Eiweiß: 32,6 g

Kochkäse-Wirsingsuppe mit Forelle

4 Portionen

Für den selbstgemachten Kochkäse:
50 g Butter
50 g Frischkäse
100 g Handkäse (Harzer Käse), in kleine Stücke geschnitten
50 g Sahne
50 g Quark, 20 % Fett
¼ TL Natron
1 Msp. Salz

Flexibel für die ganze Familie …

Für die Wirsingsuppe:
15 ml Olivenöl nativ extra (1 EL)
85 g Zwiebel, gehackt
100 g Knollensellerie, gewürfelt
150 g Karotte, gewürfelt
150 g Lauch, in Ringe geschnitten
400 g Wirsing, ohne Strunk, in Streifen geschnitten
1,5 l Gemüsebrühe
200 g Kochkäse (selbstgemacht oder fertig gekauft)
375 g geräucherte Forelle, in kleine Stücke zerteilt
Salz und Pfeffer

Für den Kochkäse in einem kleinen Topf die Butter schmelzen lassen und den Frischkäse und den Handkäse unterrühren. Wenn der Handkäse komplett geschmolzen ist, dann noch die Sahne und den Quark hinzufügen. Alles verrühren und kurz aufkochen lassen. Natron und Salz hinzufügen und dann von der heißen Herdplatte nehmen und in ein Schälchen zum Abkühlen füllen. Gelegentlich umrühren, dann bildet sich keine Haut.

Einen großen Topf nehmen und einen Esslöffel Olivenöl erhitzen. Darin die Zwiebelwürfel glasig anbraten. Anschließend das Gemüse bis zum Wirsing zufügen und alles zusammen für 1–2 Minuten braten. Danach mit der Gemüsebrühe ablöschen und die Suppe für 25 Minuten kochen lassen.

Wenn das Gemüse weich ist, dann dieses fein pürieren und im nächsten Schritt den Kochkäse unterrühren. Die Kochkäse-Wirsingsuppe mit Salz und Pfeffer abschmecken.

Die fertige Suppe in Schalen anrichten und dann im Teller noch die Forellenstücke zufügen. Wer keine Forelle mag, lässt sie weg oder schneidet für Kinder Geflügelwiener in Scheiben. Der Rest vom selbstgemachten Kochkäse schmeckt übrigens auf einem guten Brot ganz wunderbar.

Nährwerte pro Portion:
Kilokalorien: 338, Fett: 18,1 g, Kohlenhydrate: 9,8 g, Eiweiß: 29,3 g

Kohlrouladensuppe mit Linsen

4 Portionen

15 ml Olivenöl nativ extra (1 EL)
250 g Gemüsezwiebel, fein gehackt
2 Knoblauchzehen, gehackt
400 g mageres Rinderhackfleisch
(alternativ Veggie-Hackersatz)
1,2 kg Weißkohl, ohne Strunk,
in kleine Stücke geschnitten
2 Lorbeerblätter
1 EL Majoran, getrocknet
¼ TL Piment, gemahlen
½ TL Kümmel, gemahlen
2 EL helle Sojasoße
2 TL Worcester-Soße
2 TL Senf, mittelscharf
50 ml Ketchup, zuckerfrei
1,5 l Gemüsebrühe
200 g braune Linsen, tellerfertig, aus der Dose oder Packung
½ TL Konjakmehl oder Johannisbrotkernmehl, für die Bindung
Salz und Pfeffer

Lecker Linsen statt Kartoffeln …

In einem großen Topf einen Esslöffel Olivenöl erhitzen und die Gemüsezwiebel glasig anbraten. Die Knoblauchwürfel zufügen und diese kurz mitbraten. Die Zwiebel-Knoblauchwürfel an den Topfrand schieben und in der Mitte das Hackfleisch (oder den alternativen Veggie-Hackersatz) krümelig anbraten. Nun den Weißkohl mit in den Topf geben und alles gemeinsam für 3–4 Minuten anrösten.

Im nächsten Schritt die Gewürze bis zum gemahlenen Kümmel in den Topf füllen und diese gut untermischen. Nun die nassen Zutaten bis zur Gemüsebrühe zufügen und alles gut durchrühren. Die Suppe für 20 Minuten kochen lassen.

Anschließend die Lorbeerblätter aus der Suppe nehmen und die braunen Linsen zur Suppe geben und warm ziehen lassen.

Wer die Suppe etwas gebunden haben will, rührt mit einem Schneebesen einen halben Teelöffel Konjakmehl oder Johannisbrotkernmehl ein.

Am Ende die Suppe noch mit Salz und Pfeffer abschmecken.

Nährwerte pro Portion:
Kilokalorien: 388, Fett: 16,8 g, Kohlenhydrate: 26,2 g, Eiweiß: 29,1 g

Cremige Bohnensuppe mit gebratener Sucuk

4 Portionen

Herrlich deftig …

30 ml Olivenöl nativ extra (2 EL)
100 g Zwiebel, gehackt
2 Knoblauchzehen, fein gehackt
100 g Knollensellerie, gewürfelt
150 g Karotten, gewürfelt
150 g Lauch, in Ringe geschnitten
1,25 l Gemüsebrühe
500 g weiße Bohnen, aus der Dose (Abtropfgewicht)
2 TL Oregano, getrocknet
100 ml Sahne
200 g Sucuk, in Scheiben geschnitten, geviertelt
Salz und Pfeffer

In einem großen Suppentopf einen Esslöffel Olivenöl erhitzen und die Zwiebelwürfel darin glasig anbraten. Die beiden gehackten Knoblauchzehen untermischen und kurz anschwitzen. Dann das Gemüse bis zum Lauch in den Topf geben und alles zusammen anrösten. Mit der Gemüsebrühe ablöschen und die Suppe für 20 Minuten kochen lassen.

Anschließend die Hälfte der weißen Bohnen zufügen und die Suppe fein pürieren. Nun noch den Oregano, die Sahne und die andere Hälfte der weißen Bohnen zufügen und die fertige Suppe mit Salz und Pfeffer abschmecken.

In einer Pfanne den zweiten Esslöffel Olivenöl erhitzen und die Sucuk für 2–3 Minuten braten. Statt türkischer Sucuk können Sie auch Kabanossi, Paprikawurst oder einige würzig marinierte Garnelen, alternativ Hähnchenstreifen als Suppeneinlage braten.

Dann die Suppe in Schalen anrichten und die gebratenen Wurststücke zur Suppe geben.

Nährwerte pro Portion:
Kilokalorien: 486, Fett: 33,2 g, Kohlenhydrate: 21,4 g, Eiweiß: 18,5 g

Fleisch und Fisch für Allesesser

Fleisch und Fisch sind hervorragende Eiweißlieferanten und bringen geballt Nährstoffe auf den Teller, die gerade für Heranwachsende und ältere Menschen wertvoll sind. Aber nicht vergessen: Hauptdarsteller auf dem Teller bleibt das Gemüse und die Menge an Fleisch und Fisch ist in den Rezepten überschaubar. Natürlich gibt es heißgeliebtes Hackfleisch in verschiedenen Variationen, denn mit dem Wikingertopf oder einer Gemüse-Hackpfanne blicken Sie in glückliche Kinderaugen und dem Opa schmeckt es auch.

Familien-Bauernfrühstück XXL

4 Portionen

Da freut sich die komplette Familie aufs Essen…

30 ml Olivenöl nativ extra (2 EL)
300 g gekochter Schinken, gewürfelt
200 g rosa oder rote Zwiebeln, in Streifen geschnitten
200 g Karotten, in dünne Scheiben geschnitten
500 g Spitzkohl, ohne Strunk, in Streifen geschnitten
200 g Lauch, in Ringe geschnitten
200 g Champignons, geviertelt
6 Eier, Größe L oder 7 Eier, Größe M
50 g Kräuterfrischkäse
1 TL Senf, mittelscharf
3 EL Petersilie, gehackt
Salz und Pfeffer

Einen großen Topf nehmen und einen Esslöffel Olivenöl erhitzen. Die Schinkenwürfel darin für 2–3 Minuten braten und dann aus dem Topf nehmen.

Einen weiteren Esslöffel Olivenöl in den Topf geben und die Zwiebelringe für 2–3 Minuten braten. Danach die Karottenscheiben zufügen und diese mit den Zwiebeln für 2–3 Minuten braten. Anschließend Spitzkohl, Lauch und Champignons zufügen und alles gemeinsam für 4–5 Minuten braten.

In der Zwischenzeit die Eier mit dem Kräuterfrischkäse und dem Senf verrühren. Mit Salz und Pfeffer würzen. Wenn das Gemüse bissfest ist, die Schinkenwürfel und Eiercreme zufügen und unter Rühren stocken lassen. Am Ende die gehackte Petersilie unterheben und das fertige Gericht mit Salz und Pfeffer abschmecken.

Nährwerte pro Portion:
Kilokalorien: 530, Fett: 33,0 g, Kohlenhydrate: 16,1 g, Eiweiß: 39,6 g

Schüttelpizza Happy Family

3 Portionen

15 ml Olivenöl nativ extra (1 EL)
250 g mageres Rinderhackfleisch
125 g rote Zwiebel, gehackt
30 g Tomatenmark, doppelt konzentriert
2 TL Oregano, getrocknet
200 g Hüttenkäse/körniger Frischkäse, 20 % Fett
50 g Emmentaler, gerieben
300 g Süßkartoffel, grob geraspelt
3 Eier, Größe M, mit Salz und Pfeffer zu Rührei verquirlt
30 g Haferkleie
125 g rote Paprika, in kleine Würfel geschnitten
25 g getrocknete Tomaten (nicht die in Öl), klein geschnitten
Salz und Pfeffer

Den Backofen auf 180 °C Umluft vorheizen.

In einer Pfanne einen Esslöffel Olivenöl erwärmen und das Hackfleisch krümelig braten. Nun noch die Zwiebelwürfel hinzufügen und gemeinsam mit dem Hack für 5 Minuten braten. Anschließend das Tomatenmark, den Oregano und Salz und Pfeffer unterrühren und die Hackmischung lauwarm abkühlen lassen.

Alle restlichen Zutaten mit der Hackfleischmischung in eine große Schüssel geben. Deckel drauf und schütteln, was das Zeug hält. Oder kraftsparender alle Zutaten in eine Schüssel geben und mit der Küchenmaschine beziehungsweise dem Rührgerät verrühren.

Die Mischung für die Schüttelpizza auf ein mit Backpapier bedecktes Blech geben, dünn verteilen und glattstreichen. Die Schüttelpizza für 30–35 Minuten backen. Anschließend aus dem Ofen nehmen und in 6 Stücke schneiden. Dazu passt ein schöner großer, bunter Salat.

Nährwerte pro Portion:

Kilokalorien: 589, Fett: 29,3 g, Kohlenhydrate: 36,3 g, Eiweiß: 41,9 g

Pizza geht immer …

Wikingertopf mit Linsenspirelli

5 Portionen

Happinessküche für Groß und Klein ...

250 g Rote-Linsen-Spirelli

Für die kleinen Frikadellen:
400 g mageres Rinderhackfleisch
10 g Haferkleie
1 TL Senf, mittelscharf
2 TL helle Sojasoße
1 TL Majoran, getrocknet
2 TL Zwiebelgranulat (aus dem Gewürzregal)
Salz und Pfeffer

Für den Wikingertopf:
15 ml Olivenöl nativ extra (1 EL)
250 g Gemüsezwiebel, in Würfel geschnitten
700 g Karotten, geviertelt, in kurze Stücke geschnitten
250 g TK-Erbsen
200 ml Gemüsebrühe, überwürzt
150 g Frischkäse
80 g Cheddar, fein gerieben
Salz und Pfeffer

Die Rote-Linsen-Spirelli nach Packungsangabe kochen und in einem Küchensieb abgießen.

Aus den Zutaten für die kleinen Frikadellen einen Fleischteig rühren und daraus 15 Mini-Frikadellen formen.

In einem großen Topf einen Esslöffel Olivenöl erhitzen und die Mini-Frikadellen von jeder Seite 1–2 Minuten braten. Dann aus dem Topf nehmen. Die Gemüsezwiebelwürfel im Bratfett für 2–3 Minuten glasig anbraten. Anschließend die

Karottenstücke und die TK-Erbsen zufügen und das Gemüse mit der Gemüsebrühe ablöschen. Das Gemüse nun für 5 Minuten kochen lassen.

Danach den Frischkäse und den Cheddar untermischen und die Soße mit Salz und Pfeffer abschmecken. Anschließend die Mini-Frikadellen auf das Gemüse legen und alles zusammen für weitere 5 Minuten kochen lassen.

Zum Schluss noch die vorgekochten Linsennudeln unter das Gericht mischen.

Nährwerte pro Portion:
Kilokalorien: 605, Fett: 27,6 g, Kohlenhydrate: 40,1 g, Eiweiß: 39,6 g

Zwiebeliges Würstchengulasch mit Cheesy-Kürbispommes

4 Portionen

Für das zwiebelige Würstchengulasch:
15 ml Olivenöl nativ extra (1 EL)
500 g gebrühte grobe Bratwürste, in Scheiben geschnitten
400 g rosa oder helle Zwiebeln, in Ringe geschnitten
2 EL Tomatenmark, doppelt konzentriert
400 ml Rinderfond
1 EL Worcester-Soße
½ TL Kümmel, gemahlen
Salz und Pfeffer

Leckerküche, die ankommt …

Für die Cheesy-Kürbispommes:
1,2 kg Butternut-Kürbis, zu Pommes geschnitten
30 ml Olivenöl nativ extra (2 EL)
1 TL Paprikapulver, edelsüß
½ TL Currypulver
80 g Cheddar, grob gerieben
Salz und Pfeffer

Den Backofen auf 180 °C Umluft vorheizen.

In einem größeren Topf einen Esslöffel Olivenöl erhitzen und die Wurstscheiben für 3–4 Minuten braten. Dann aus dem Topf nehmen. Im Bratfett die Zwiebelringe für 4–5 Minuten glasig braten. Anschließend das Tomatenmark untermischen und dieses kurz mit den Zwiebeln anrösten. Danach mit dem Rinderfond ablöschen und noch die Worcestersoße und den gemahlenen Kümmel zufügen. Die Zwiebeln nun für 10 Minuten kochen lassen.

Während die Soße kocht, werden die Kürbispommes in einer Schüssel mit dem Olivenöl, dem Paprikapulver und dem Currypulver gemischt und mit Salz und Pfeffer gewürzt. Dann die Kürbispommes auf einem großen Blech mit Backpapier verteilen und so für 10 Minuten backen.

In der Zeit, in der die Kürbispommes im Ofen sind, die gekochten Zwiebeln im Topf etwa zu einem Drittel pürieren, damit die Soße Bindung bekommt. Die Zwiebelsoße mit Salz und Pfeffer abschmecken. Danach die gebratenen Wurstscheiben in die Soße geben und warm ziehen lassen.

Wenn die Kürbispommes im Ofen so weit sind, dann diese in der Mitte des Blechs etwas zusammenschieben und mit dem geriebenen Cheddar bestreuen. Anschließend zurück in den Ofen damit für weitere 12–15 Minuten, bis der Cheddar goldgelb gebacken ist.

Danach die Cheesy-Kürbispommes mit dem Würstchengulasch anrichten. Dazu passt ein knackiger grüner Salat mit Radieschen.

Nährwerte pro Portion:
Kilokalorien: 632, Fett: 40,1 g, Kohlenhydrate: 33,8 g, Eiweiß: 33,3 g

Easy Gemüse-Hähnchen-Ofenpfanne

4 Portionen

250 g Zucchini, ohne Kerne, in Rauten geschnitten
250 g Kohlrabi, in kurze Sticks geschnitten
250 g Karotten, in Scheiben geschnitten
250 g rosa oder rote Zwiebeln, in Stücke geschnitten
300 g rote und orange Paprika, in mundgerechte Stücke geschnitten
300 g Kirschtomaten
30 ml Olivenöl nativ extra (2 EL)
350 g Hähnchen-Oberkeulensteaks, jedes Stück in 3–4 Teile geschnitten
1 EL helle Sojasoße
1 TL Paprikapulver, edelsüß (für das Hähnchenfleisch)
150 g Kräuterfrischkäse
1 TL Oregano, frisch oder getrocknet
1 TL Thymian, frisch oder getrocknet
1 TL Paprikapulver, edelsüß
Salz und Pfeffer

Den Backofen auf 180 °C Umluft vorheizen.

Das Gemüse bis zu den Kirschtomaten in eine große Ofenform füllen. 2 Esslöffel Olivenöl untermischen.

Die Hähnchenstücke mit der Sojasoße und dem Paprikapulver mischen und das Fleisch mit Salz und Pfeffer würzen.

Dann die Hähnchenstücke auf dem Gemüse verteilen und den Kräuterfrischkäse in 3 Teilen in die Ofenform geben. Alles mit Salz und Pfeffer bestreuen und so für 25 Minuten in den Ofen stellen.

Nun das fertige Essen nur noch durchmischen, dabei die Kräuter und das Paprikapulver untermischen und am Ende alles nochmal mit Salz und Pfeffer abschmecken.

Nährwerte pro Portion:
Kilokalorien: 418, Fett: 25,7 g, Kohlenhydrate: 18,9 g, Eiweiß: 24,1 g

Einfache Ofenküche für die ganze Familie …

Brokkoli-Linsennudelpfanne mit Zwiebelhack

Schmackofatz für die ganze Familie …

4 Portionen

250 g Rote-Linsen-Spirelli
250 g grobes rohes Wurstbrät
2 TL Zwiebelgranulat (aus dem Gewürzregal)
30 ml Olivenöl nativ extra (2 EL)
250 g Gemüsezwiebel, in Würfel geschnitten
750 g Brokkoli, zerteilt und dann grob gehackt
4 EL helle Sojasoße
100 ml Sahne
40 g Parmesan, fein gerieben
Salz und Pfeffer

Die Rote-Linsen-Spirelli nach Packungsangabe kochen und in einem Küchensieb abtropfen lassen.

Das Wurstbrät mit dem Zwiebelgranulat verkneten und die Hackmischung mit Salz und Pfeffer nachwürzen.

In einem größeren Topf zwei Esslöffel Olivenöl erhitzen und das Zwiebelmett krümelig anbraten. Dann die Gemüsezwiebelwürfel untermischen und diese für 2–3 Minuten glasig braten. Nun den gehackten Brokkoli untermischen und diesen ebenfalls kurz braten. Nun die Sojasoße und die Sahne zufügen und alles zusammen für 5 Minuten köcheln lassen.

Am Ende die vorgekochten Linsennudeln untermischen, den geriebenen Parmesan zufügen und alles final mit Salz und Pfeffer abschmecken.

Nährwerte pro Portion:
Kilokalorien: 623, Fett: 30,5 g, Kohlenhydrate: 40,1 g, Eiweiß: 39,3 g

Cheeseburger-Blumenkohlauflauf

4 Portionen

1,2 kg Blumenkohl, grob geraspelt
15 ml Olivenöl nativ extra (1 EL)
400 g mageres Rinderhackfleisch (alternativ Veggie-Hackersatz)
50 g Mayonnaise, 80 % Fett
200 g saure Sahne, 10 % Fett
2 TL Senf, mittelscharf
150 g rote Zwiebeln, in dünne Ringe geschnitten
300 g Kirschtomaten, geviertelt
100 g Ketchup, zuckerfrei
150 g Gewürzgurken, in Würfel geschnitten
100 g Cheddar, gerieben
Salz und Pfeffer

Hier burgert es gesund …

Den Backofen auf 180 °C Umluft vorheizen.

Den geraspelten Blumenkohl in eine große Ofenform füllen oder auf dem tiefen Backblech verteilen. Für 25 Minuten im Ofen rösten. Einmal zwischendurch mischen, damit der Blumenkohl gleichmäßig gebacken wird und die oberen Raspel nicht zu dunkel werden.

Während der Blumenkohl im Ofen backt, in einem Topf einen Esslöffel Olivenöl erhitzen, das Hackfleisch (oder den alternativen Veggie-Hackersatz) krümelig anbraten und mit Salz und Pfeffer würzen.

Nun den gerösteten Blumenkohl vom Blech in eine große Auflaufform umfüllen oder weiter mit der Ofenform arbeiten.

Die Mayonnaise mit der sauren Sahne und dem Senf verrühren und die Mischung mit Salz und Pfeffer würzen. Die Creme auf dem gerösteten Blumenkohl verteilen.

Anschließend das krümelig gebratene Hackfleisch (oder den alternativen Veggie-Hackersatz) über die Sour Creme streuen. Darüber die Zwiebelringe geben. Nun die Kirschtomaten mit dem Ketchup mischen und die Mischung über den Zwiebelringen verteilen. Im nächsten Schritt die Gewürzgurkenwürfel über die Tomaten geben und den Auflauf mit dem geriebenen Cheddar bestreuen.

Jetzt den Cheeseburgerauflauf für 25–30 Minuten im Ofen backen.

Nährwerte pro Portion:
Kilokalorien: 596, Fett: 39,6 g, Kohlenhydrate: 15,6 g, Eiweiß: 37,8 g

Cheesy-Chicken mit cremigem Ofengemüse

4 Portionen

Cheddar und Hähnchen. Volle Punktzahl!

Für das Cheesy-Chicken:
4 kleine Hähnchenbrüste á 150 g
30 ml Olivenöl nativ extra (2 EL)
1 TL Paprikapulver, edelsüß
½ TL Currypulver
80 g Cheddar, grob gerieben
Salz und Pfeffer

Für das cremige Ofengemüse:
400 g Zucchini, ohne Kerne, in Rauten geschnitten
250 g rote und gelbe Paprika, in Stücke geschnitten
250 g Karotten, in Scheiben geschnitten
250 g Kohlrabi, in Sticks geschnitten
250 g Zwiebel, in Streifen geschnitten
250 g Kirschtomaten
15 ml Olivenöl nativ extra (1 EL)
120 g Kräuterfrischkäse
Salz und Pfeffer

Den Backofen auf 180 °C Umluft vorheizen.

Die Hähnchenbrüste längs mittig einschneiden, etwa 2–3 cm tief. Den Schnitt etwas auseinander drücken. Das Olivenöl mit dem Paprikapulver und dem Currypulver mischen und mit Salz und Pfeffer würzen. Die Hähnchenbrüste in eine kleinere Ofenform legen und dort mit dem Würzöl bestreichen. Dann den geriebenen Cheddar in den Schnitt füllen.

Das komplette Gemüse in eine große Ofenform füllen. Einen Esslöffel Olivenöl und Salz und Pfeffer untermischen. Den Frischkäse in 3–4 großen Klecksen mit in die Ofenform geben.

Das Gemüse und die Hähnchenfilets gleichzeitig in den Backofen geben und für 25–30 Minuten backen.

Am Ende das Ofengemüse mit dem Frischkäse in der Ofenform durchmischen und die gebackenen Hähnchenbrüste dazu anrichten.

Nährwerte pro Portion:
Kilokalorien: 524, Fett: 27,5 g, Kohlenhydrate: 18,3 g, Eiweiß: 47,2 g

Brotloser Burger Hawaii mit Kohlrabipommes

4 Portionen

Für die Kohlrabipommes:
1,2 kg Kohlrabi, zu Pommes geschnitten
2 TL Paprikapulver, edelsüß
15 ml Olivenöl nativ extra (1 EL)
Salz und Pfeffer

Hawaii mit der ganzen Familie …

Für das Salatbett:
150 g Romanasalat, in Streifen geschnitten
150 g Kirschtomaten, halbiert
150 g Snack-Gurken, in Scheiben geschnitten

Für das Dressing:
1 EL heller Balsamico-Essig
1 EL Frischkäse
2 EL Wasser
Salz und Pfeffer

Für die Burger:
4 fertige Fleischpatties von guter Qualität oder aus 500 g magerem Rinderhack mit Salz und Pfeffer selbstgemacht
1 EL Rapsöl oder Butterschmalz
320 g Ananas, aus der Dose, ungezuckert, in 8 Scheiben
120 g Gouda, jung, in 4 jeweils halbierten Scheiben

Den Backofen auf 170 °C Umluft vorheizen.

Die Kohlrabipommes in eine große Ofenform füllen und dort mit dem Paprikapulver und Salz und Pfeffer würzen und einen Esslöffel Olivenöl untermischen. Die Kohlrabipommes für 25 Minuten im Ofen backen.

Die Zutaten für den Salat auf Tellern verteilen. Dabei nur die Hälfte des Tellers belegen. Das Salatdressing anrühren und über den Salat träufeln.

Eine ofenfähige Pfanne erhitzen und die Burgerpatties im Rapsöl oder Butterschmalz braten. Die Bratdauer hängt davon ab, ob die Patties frisch oder gefroren sind. Je nachdem können das 3–5 Minuten pro Seite oder auch etwas länger sein. Am Ende auf jedes Fleischpattie zwei Scheiben Ananas und 2 Käsescheibenhälften teilweise überlappend darauflegen. Die Pfanne nun für 3–4 Minuten in den heißen Backofen zu den Kohlrabipommes stellen.

Die Kohlrabipommes und die Hawaii-Patties aus dem Ofen holen. Das Fleisch auf den Salat legen und die Kohlrabipommes dazu anrichten.

Nährwerte pro Portion:
Kilokalorien: 597, Fett: 36,4 g, Kohlenhydrate: 24,3 g, Eiweiß: 40,1 g

Paprika-Blumenkohlreis-Hackpfanne

4 Portionen

15 ml Olivenöl nativ extra (1 EL)
400 g mageres Rinderhackfleisch (alternativ Veggie-Hackersatz)
200 g Gemüsezwiebel, gehackt
500 g Paprika bunt (grün, gelb, orange und rot), in Würfel geschnitten
750 g Blumenkohl, grob geraspelt
100 g Ketchup, zuckerfrei
100 g Ajvar, mild oder scharf
1 TL Thymian, frisch oder getrocknet
1 TL Majoran, frisch oder getrocknet
150 g Schmand, 24 % Fett
80 g Cheddar, gerieben
Salz und Pfeffer

In einem sehr großen Topf einen Esslöffel Olivenöl erhitzen und das Hackfleisch (oder den alternativen Veggie-Hackersatz) krümelig anbraten. Dann die Gemüsezwiebelwürfel zufügen und diese mit dem Hackfleisch (oder dem alternativen Veggie-Hackersatz) glasig anbraten. Nun die Paprikastücke 1–2 Minuten mitbraten und dann den geraspelten Blumenkohl zufügen und alles gemeinsam für weitere 2–3 Minuten braten.

Anschließend das Ketchup und das Ajvar mit dem Thymian und dem Majoran untermischen und alles zusammen für 5–6 Minuten köcheln lassen. Zwischendurch mischen, damit das Gemüse gleichmäßig gart.

Nun noch den Schmand unterrühren und das fertige Essen mit Salz und Pfeffer abschmecken. Den geriebenen Cheddar auf dem Gericht verteilen und den Topfdeckel bei niedriger Hitze für 5 Minuten schließen, damit der Käse schmelzen kann.

Nährwerte pro Portion:

Kilokalorien: 525, Fett: 33,0 g, Kohlenhydrate: 17,8 g, Eiweiß: 33,8 g

Basisküche Low Carb …

Kohlrabigemüse mit Lachs-Käsesoße

3 Portionen

Für die Kohlrabi:
1,2 kg Kohlrabi, in 1–2 cm große Würfel geschnitten
500 ml Gemüsebrühe

Frühlingshaft lecker …

Für die Lachs-Käsesoße:
50 g Butter
75 g Frischkäse
50 ml Gemüsebrühe, von den gekochten Kohlrabistücken
1 TL heller Balsamico-Essig
½ TL Erythrit
50 g Cheddar, fein gerieben
200 g geräucherter Lachs in Scheiben, in Streifen geschnitten
3 EL Schnittlauch, in Ringe geschnitten (alternativ frischer Bärlauch, im Frühling)
Salz und Pfeffer

In einem Topf die Kohlrabistücke in der Gemüsebrühe für 8–9 Minuten kochen. Dann die Kohlrabistücke in einem Küchensieb abgießen und dabei den Kochsud auffangen, denn davon brauchen wir gleich noch etwas für die Käsesoße.

In dem gleichen Topf nun die Butter schmelzen lassen und den Frischkäse und 50 ml von der aufgefangenen Gemüsebrühe von den Kohlrabi mit einem Schneebesen unterrühren. Dann den hellen Balsamico-Essig und das Erythrit zufügen. Zuletzt noch den geriebenen Cheddar in der Creme schmelzen lassen und mit dem Schneebesen cremig rühren.

Nun die vorgekochten Kohlrabistücke unter die Käsesoße mischen. Dann die Räucherlachsstreifen unterheben und diese für 1–2 Minuten mit geschlossenem Deckel heiß werden lassen. Der geräucherte Lachs gibt sein herrliches Aroma und auch eine gute Portion Salz an die Käsesoße ab.

Nun noch die Schnittlauchröllchen und etwas Salz und Pfeffer über dem Essen verteilen und dann vorsichtig unterheben, damit die Lachsstreifen nicht komplett zerfallen.

Nährwerte pro Portion:
Kilokalorien: 496, Fett: 34,4 g, Kohlenhydrate: 16,1 g, Eiweiß: 26,4 g

Blumenkohl in pikanter Thunfisch-Linsen-Bolognese

4 Portionen

1 kg Blumenkohl, in große Röschen geschnitten
30 ml Olivenöl nativ extra (2 EL)
150 g rote Zwiebeln, gehackt
2 Knoblauchzehen, gehackt
400 g Dosentomaten, grob zerkleinert
330 ml Kirschtomatensoße (aus der Flasche)
2 EL Tomatenmark, doppelt konzentriert
2 TL Oregano, frisch oder getrocknet
1 TL Sambal Oelek (nach persönlicher Schärfetoleranz mehr oder weniger zufügen)
140 g Thunfisch, in Lake, aus der Dose, gut abgetropft
200 g braune Linsen, tellerfertig, aus der Dose oder Packung
Salz und Pfeffer

Die Blumenkohlröschen in Wasser für 10–12 Minuten bissfest garen und in einem Küchensieb abgießen.

In einem großen Topf 2 Esslöffel Olivenöl erhitzen und die Zwiebelwürfel glasig anbraten. Die gehackten Knoblauchzehen untermischen und diese kurz anschwitzen. Danach mit den Dosentomaten und der Kirschtomatensoße ablöschen und das Tomatenmark, den Oregano und das Sambal Oelek unterrühren. Die Tomatensoße für 15 Minuten kochen lassen.

Anschließend den abgetropften Thunfisch und die tellerfertigen Linsen zur Tomatensoße geben und die fertige Soße mit Salz und Pfeffer abschmecken. Zum Schluss noch den Blumenkohl unterheben und dabei mit der Thunfisch-Bolognese mischen.

Nährwerte pro Portion:

Kilokalorien: 320, Fett: 11,2 g, Kohlenhydrate: 27,2 g, Eiweiß: 21,9 g

Fishy-Friday-Bolognese …

Schlemmerfilet Pizza-Style

4 Portionen

900 g Blumenkohl, grob geraspelt
30 ml Olivenöl nativ extra (2 EL)
85 g rote Zwiebel, gehackt
1 Knoblauchzehe, gehackt
250 g Champignons, in Scheiben geschnitten
400 g Kirschtomaten, geviertelt
60 g Tomatenmark, doppelt konzentriert
1 TL heller Balsamico-Essig
1 TL Erythrit
2 TL Oregano, frisch oder getrocknet
100 g gekochter Schinken, in Streifen geschnitten
600 g Seelachsfilets, in 8 Stücke geschnitten, mit Salz und Pfeffer gewürzt
80 g Emmentaler, grob gerieben
Salz und Pfeffer

Bordelaise war vorgestern …

Den Backofen auf 180 °C Umluft vorheizen.

Den geraspelten Blumenkohl in eine große Ofenform füllen oder auf einem Blech verteilen, einen Esslöffel Olivenöl untermischen und das Gemüse mit Salz und Pfeffer würzen. Den Blumenkohl für 20 Minuten rösten, dabei einmal zwischendurch mischen.

In der Zwischenzeit in einem Topf den zweiten Esslöffel Olivenöl erhitzen und die Zwiebelwürfel darin glasig anbraten. Dann die Knoblauchwürfel zufügen und diese kurz anschwitzen. Nun die Champignonscheiben untermischen und diese für 1–2 Minuten braten. Anschließend die Kirschtomaten und etwas Salz und Pfeffer unterrühren und alles gemeinsam für 5–6 Minuten köcheln lassen. Nun noch das Tomatenmark, den hellen Balsamico-Essig, das Erythrit und den Oregano untermischen und die Tomatensoße mit Salz und Pfeffer abschmecken.

Anschließend die Schinkenstreifen in die Tomatensoße rühren.

Den gerösteten Blumenkohlreis aus dem Ofen nehmen. Die rohen Fischstücke auf den Blumenkohl legen. Das Tomaten-Pilz-Schinkentopping auf die Fischstücke geben und die bedeckten Fischstücke dann noch mit dem geriebenen Emmentaler bestreuen.

Nun die Ofenform in den Ofen stellen und so für 15 Minuten backen. Wenn dicke Rückenfilet-Loins verwendet werden, dann die Backzeit auf 20 Minuten erhöhen und nur 4 Stücke schneiden.

Nährwerte pro Portion:
Kilokalorien: 394, Fett: 15,8 g, Kohlenhydrate: 13,8 g, Eiweiß: 45,3 g

Paprika-Tomaten-Lachsragout mit Linsenspirelli

4 Portionen

250 g Rote-Linsen-Spirelli
30 ml Olivenöl nativ extra (2 EL)
85 g rote Zwiebel, gehackt
450 g Paprika (rot, gelb, grün), in kleine Würfel geschnitten
300 g Kirschtomaten, geviertelt
500 ml Gemüsesaft, aus dem Tetrapak
50 g Ajvar, mild oder scharf
50 ml Ketchup, zuckerfrei
1 TL Paprikapulver, edelsüß
1 TL Paprikapulver, rosenscharf
1 TL Thymian, frisch oder getrocknet
80 g Frischkäse
375 g Lachsfilets, ohne Haut, in Streifen geschnitten
Salz und Pfeffer

Die Rote-Linsen-Spirelli nach Packungsangabe kochen und in einem Küchensieb abtropfen lassen.

In einem großen Topf einen Esslöffel Olivenöl erhitzen und die Zwiebelwürfel darin glasig anbraten. Danach die Paprikastücke zufügen und diese für 3–4 Minuten braten. Dann die Kirschtomaten untermischen und alles zusammen für 2–3 Minuten mischen.

Nun den Gemüsetopf mit dem Gemüsesaft ablöschen, das Ajvar, das Ketchup und die Gewürze zufügen und alles gemeinsam für 5–6 Minuten kochen lassen. Dann den Frischkäse unterrühren und die Soße würzig mit Salz und Pfeffer abschmecken.

Während die Soße kocht, in einer großen Pfanne den zweiten Esslöffel Olivenöl erhitzen und die Lachstücke darin für 2–3 Minuten braten. Dabei mit Salz und Pfeffer würzen.

Die vorgekochten Linsenspirelli in die Paprika-Tomatensoße geben und kurz warm ziehen lassen. Zum Schluss noch vorsichtig die Lachsstücke unter die Nudelmischung heben und alles gemeinsam kurz warm werden lassen. Vorsichtig durchmischen, damit der Lachs nicht zu sehr zerfällt.

Nährwerte pro Portion:
Kilokalorien: 593, Fett: 25,2 g, Kohlenhydrate: 45,1 g, Eiweiß: 39,6 g

Familienglück ist essbar ...

Entspannte, leckere Veggieküche

Heutzutage hat fast jeder Mensch individuelle Vorlieben, wenn es um die eigene Ernährung geht. Dabei ist die vegetarische Ernährung ganz weit vorne dabei, denn fast 10 % der Bevölkerung sind fleischlos oder sogar vegan unterwegs – vielleicht ja auch in Ihrer Familie. Einige meiner Fleischgerichte bestehen aus Hack, denn das ist leicht vegetarisch verwandelbar, entsprechende Produkte gibt es zuhauf im Supermarkt. Aber es gibt hier nun auch fleischlose Rezepte, die ganz ohne Ersatzprodukte auskommen und doch alle satt und glücklich machen. Nichts wie ran.

Tomaten-Kohlrabisotto

4 Portionen

15 ml Olivenöl nativ extra (1 EL)
250 g Gemüsezwiebel, fein gewürfelt
900 g Kohlrabi, grob geraspelt
450 g Kirschtomaten, geviertelt
60 g Tomatenmark, doppelt konzentriert
1 TL Erythrit
150 g Kräuterfrischkäse
60 g Parmesan, fein gerieben
80 g Cheddar, fein gerieben
80 g Frühlingszwiebeln, in Ringe geschnitten
Salz und Pfeffer

Tomaten plus Käse ergibt lecker …

In einem größeren Topf einen Esslöffel Olivenöl erhitzen und die Gemüsezwiebelwürfel glasig anbraten. Dann die Kohlrabiraspel und die Kirschtomaten untermischen und alles zusammen für 3–4 Minuten braten. Den Topfdeckel schließen und das Gemüse für 3–4 Minuten köcheln lassen. Zwischendurch mischen, damit das Gemüse gleichmäßig gart.

Nun das Tomatenmark, das Erythrit und den Kräuterfrischkäse unterrühren, bis sich alles gut verteilt hat. Dann noch den geriebenen Parmesan und den Cheddar untermischen und schmelzen lassen. Das Tomaten-Kohlrabisotto mit Salz und Pfeffer würzen und ganz am Ende die Frühlingszwiebelringe unterheben.

Nährwerte pro Portion:
Kilokalorien: 394, Fett: 24,8 g, Kohlenhydrate: 19,7 g, Eiweiß: 19,4 g

Gemüsestäbchen mit Tomaten-Dill-Joghurt

4 Portionen = 12 Gemüsestäbchen

»Lecker«, rufen da die Kinder …

15 ml Olivenöl nativ extra (1 EL)
250 g Gemüsezwiebel, fein gewürfelt
250 g Lauch, längs halbiert, in dünne Streifen geschnitten
500 g Hokkaido-Kürbis, grob geraspelt
2 Eier, Größe L
40 g Haferkleie
120 g Gouda, mittelalt, gerieben
2 TL Paprikapulver, edelsüß
2 TL Majoran, getrocknet
Salz und Pfeffer

Für den Tomaten-Dill-Joghurt:
150 g Joghurt, 3,5 % Fett
50 g Mayonnaise, 80 % Fett
20 g Tomatenmark, doppelt konzentriert
250 g Kirschtomaten, in kleine Stücke geschnitten
2 TL Dill, frisch oder TK
Salz und Pfeffer

Den Backofen auf 180 °C Umluft vorheizen.

In einem größeren Topf einen Esslöffel Olivenöl erhitzen und die Zwiebelwürfel darin glasig anbraten. Dann den Lauch und die Kürbisraspel zufügen und alles zusammen für 10 Minuten braten. Anschließend das Gemüse lauwarm abkühlen lassen.

Nun die restlichen Zutaten für die Gemüsestäbchen unterrühren und die Masse mit Salz und Pfeffer abschmecken. Danach die Gemüsemasse in eine Form für Brownies füllen und diese für 30 Minuten im Ofen backen. Wenn keine passende

Form vorhanden ist, geht auch eine Muffinform, dann werden eben kleine Gemüseküchlein gebacken.

Während die Gemüsestäbchen im Ofen backen, die kompletten Zutaten für den Tomaten-Joghurt verrühren.

Wenn die Gemüsestäbchen fertig sind, dann diese aus dem Ofen nehmen, aus der Form lösen und heiß mit dem Tomaten-Joghurt anrichten.

Die Gemüsestäbchen schmecken auch kalt aus der Hand sehr gut und machen sich prima in der Pausenbox.

Nährwerte pro Portion:
Kilokalorien: 474, Fett: 28,6 g, Kohlenhydrate: 31,4 g, Eiweiß: 20,1 g

Florentiner Spaghettiauflauf

4 Portionen

250 g Rote-Linsen-Spaghetti
180 g Gouda, mittelalt, grob gerieben

Für italienische Momente …

Für die Spinatsoße:
15 ml Olivenöl nativ extra (1 EL)
200 g Gemüsezwiebel, fein gehackt
750 g Rahmspinat, bereits aufgetaut
100 g Kräuterfrischkäse
Salz und Pfeffer

Für die Tomatensoße:
15 ml Olivenöl nativ extra (1 EL)
85 g rote Zwiebel, gehackt
2 Knoblauchzehen, gehackt
300 g Kirschtomaten, geviertelt
330 ml Kirschtomatensoße (aus der Flasche)
Salz und Pfeffer

Den Backofen auf 180 °C Umluft vorheizen.

Die Linsenspaghetti nach Packungsangabe kochen und in einem Küchensieb abgießen.

Für die Spinatsoße einen Esslöffel Olivenöl erhitzen und die Gemüsezwiebelwürfel glasig anbraten. Den aufgetauten Rahmspinat zufügen. Wenn die Spinatsoße warm ist, dann den Kräuterfrischkäse unterrühren und die Soße mit Salz und Pfeffer abschmecken.

Für die Tomatensoße in einem Topf einen Esslöffel Olivenöl erhitzen und die roten Zwiebelwürfel glasig anbraten. Dann die Knoblauchwürfel kurz anschwitzen und anschließend die geviertelten Kirschtomaten zufügen und diese für 2–3 Minuten braten. Danach mit der Kirschtomatensoße ablöschen, die Soße für 10 Minuten kochen lassen und die fertige Tomatensoße mit Salz und Pfeffer abschmecken.

Eine große Auflaufform nehmen und auf den Boden ein klein wenig von der Tomatensoße geben. Darauf ¹⁄₃ von den gekochten Linsenspaghetti geben und darüber ¹⁄₃ von der Spinatsoße verteilen. Auf die Spinatsoße etwa 50 g vom geriebenen Gouda streuen.

Darüber dann wieder Spaghetti, Spinatsoße und 50 g geriebenen Gouda verteilen. Als letzte Schicht noch Spaghetti und den Rest der Spinatsoße schichten. Darauf dann die übrige Tomatensoße verteilen und die restlichen 80 g Käse zum Überbacken über den Auflauf streuen.

Nun den Florentiner Spaghettiauflauf für 30 Minuten in den Ofen stellen.

Nährwerte pro Portion:
Kilokalorien: 694, Fett: 35,6 g, Kohlenhydrate: 49,1 g, Eiweiß: 37,1 g

Smashed Blumenkohl mit Knobibutter

4 Portionen

1,5 kg Blumenkohl, in große Röschen oder grobe Teile geschnitten
120 g Butter
4 Knoblauchzehen, gepresst
4 TL 8-Kräuter-Mischung, frisch oder TK
150 g Gouda, mittelalt, grob gerieben
Salz und Pfeffer

Den Backofen auf 180 °C Umluft vorheizen.

Die großen Blumenkohlröschen in einen Topf geben. Etwas Wasser zufügen und dann den Blumenkohl für 12–15 Minuten kochen. Den Blumenkohl abgießen und in einem Küchensieb abdampfen lassen.

Die Butter schmelzen und den Knoblauch und die Kräuter unterrühren. Die Knoblauchbutter mit Salz und Pfeffer würzen.

Die Blumenkohlröschen auf einem Blech verteilen und mit der Unterseite eines Tellers plattdrücken. Den plattierten Blumenkohl mit der Knoblauchbutter bestreichen und dann mit dem geriebenen Gouda bestreuen.

Den Knoblauchbutterblumenkohl nun für 12–15 Minuten im Ofen backen.

Nährwerte pro Portion:
Kilokalorien: 471, Fett: 36,9 g, Kohlenhydrate: 10,0 g, Eiweiß: 19,1 g

Tomaten-Champignon-Spirellimix

4 Portionen

250 g Rote-Linsen-Spirelli
500 g Kirschtomaten
500 g braune Champignons, halbiert oder geviertelt
30 ml Olivenöl nativ extra (2 EL)
200 g Kräuterfrischkäse
2 TL Thymian, frisch oder getrocknet
2 TL Oregano, frisch oder getrocknet
Salz und Pfeffer

Den Backofen auf 180 °C Umluft vorheizen.

Die Rote-Linsen-Spirelli nach Packungsangabe kochen und in einem Küchensieb abgießen.

Linsenspirelli liefern Eiweiß und Ballaststoffe…

Die Kirschtomaten und die Champignons in eine Ofenform geben. Das Olivenöl untermischen und alles leicht mit Salz und Pfeffer würzen. Den Kräuterfrischkäse in 3–4 großen Klecksen in der Ofenform verteilen und dann die Form für 25 Minuten im Ofen backen.

Anschließend aus dem Ofen nehmen und die Kirschtomaten, die Champignons und den Kräuterfrischkäse miteinander verrühren. Dabei auch gleich die Kräuter untermischen. Dann noch die gekochten Linsenspirelli unter die Soße heben und am Ende das fertige Essen mit Salz und Pfeffer abschmecken.

Nährwerte pro Portion:
Kilokalorien: 452, Fett: 21,9 g, Kohlenhydrate: 35,6 g, Eiweiß: 23,3 g

Pikante Feta-Tomaten-Gemüse-Linsenspaghetti

4 Portionen

Tik Tok lässt grüßen …

300 g Rote-Linsen-Spaghetti
500 g Kirschtomaten
250 g Karotten, in dünne Scheiben geschnitten
250 g Zucchini, ohne Kerne, in Rauten geschnitten
250 g rosa oder rote Zwiebeln, halbiert, in Stücke geschnitten
150 g rote Paprika, in mundgerechte Stücke geschnitten
30 ml Olivenöl nativ extra (2 EL)
2 EL Sriracha-Soße
200 g Feta, in 4 Stücke zerteilt
Salz und Pfeffer

Den Backofen auf 180 °C Umluft vorheizen.

Die Linsenspaghetti nach Packungsangabe kochen und in einem Küchensieb abgießen.

Die Kirschtomaten und das andere Gemüse bis zu den Paprikastücken in eine große Ofenform füllen. Das Olivenöl und die Sriracha-Soße mischen und dann unter dem Gemüse verteilen. Das Gemüse ganz leicht mit Salz und Pfeffer würzen. Die Fetastücke mit in die Ofenform legen und dann die Form für 25 Minuten im Ofen backen.

Anschließend aus dem Ofen nehmen und den Inhalt der Ofenform cremig miteinander verrühren. Nun noch die vorgekochten Linsenspaghetti unter die würzige Gemüse-Feta-Mischung heben und das fertige Essen mit Salz und Pfeffer abschmecken.

Das Gericht schmeckt auch sehr fein mit Konjaknudeln statt Linsenspaghetti, die ebenfalls gekocht unter das pikante Feta-Ofengemüse gemischt werden können.

Nährwerte pro Portion:
Kilokalorien: 506, Fett: 20,9 g, Kohlenhydrate: 45,0 g, Eiweiß: 27,9 g

Spitzkohlpfanne Mexiko

3 Portionen

30 ml Olivenöl nativ extra (2 EL)
75 g rote Zwiebel, gehackt
1 Knoblauchzehe, fein gehackt
500 g Spitzkohl, ohne Strunk, in Streifen geschnitten
400 g Paprika (rot, gelb, grün), in kleine Stücke geschnitten
200 g Kirschtomaten, geviertelt
1 EL Tomatenmark, doppelt konzentriert
2 EL Sriracha-Soße
1 TL Thymian, frisch oder getrocknet
75 g Frischkäse
255 g Kidneybohnen, abgespült und abgetropft (400 g Dose)
100 g Avocado, das Fruchtfleisch in Würfel geschnitten
Salz und Pfeffer

Eine Fiesta Mexikana …

Einen großen Topf mit dem Olivenöl erhitzen und die Zwiebelwürfel darin glasig anbraten. Dann die Knoblauchwürfel zufügen und kurz mitbraten. Anschließend den Spitzkohl und die Paprikawürfel in den Topf geben und für 2–3 Minuten braten.

Nun die Kirschtomaten, das Tomatenmark, die Sriracha-Soße und den Thymian untermischen. Alles gemeinsam für 5–6 Minuten köcheln lassen.

Als Nächstes den Frischkäse in den Topf geben und unterrühren. Zum Schluss noch die Kidneybohnen und die Avocado-Würfel in den Topf geben, beides warm ziehen lassen und die Gemüsepfanne mit Salz und Pfeffer abschmecken.

Nährwerte pro Portion:

Kilokalorien: 438, Fett: 25,2 g, Kohlenhydrate: 31,9 g, Eiweiß: 15,1 g

Mandel-Karotten-Pastinakenpüree mit Veggie-Pilzpfanne

4 Portionen

Für das Mandel-Karotten-Pastinakenpüree:
700 g Karotten, in Stücke geschnitten
300 g Pastinaken, in Stücke geschnitten
80 g Mandelmus
40 g Parmesan, fein gerieben
Salz und Pfeffer

Für die Veggie-Pilzpfanne:
15 ml Olivenöl nativ extra (1 EL)
250 g Gemüsezwiebel, in Ringe geschnitten
250 g Lauch, in Ringe geschnitten
500 g Champignons, geviertelt
1 TL Thymian, getrocknet
1 TL Majoran, getrocknet
¼ TL Kümmel, gemahlen
100 ml trockener alkoholfreier Weißwein (alternativ Gemüsebrühe)
200 g Schmand, 24 % Fett
4 EL Petersilie, gehackt
Salz und Pfeffer

Für das Karotten-Pastinakenpüree die Gemüsestücke in Wasser für 14–15 Minuten kochen und dann in einem Sieb abgießen. Das Gemüse zurück in den Kochtopf geben und dort mit dem Pürierstab fein zerkleinern. Dann das Mandelmus und den Parmesan unterrühren und das fertige Karotten-Pastinakenpüree mit Salz und Pfeffer abschmecken.

Für die Veggie-Pilzpfanne einen Esslöffel Olivenöl in einem Topf erhitzen und die Gemüsezwiebelringe für 2–3 Minuten glasig anbraten. Dann die Lauchringe und die geviertelten Champignons zufügen und alles zusammen für 2–3 Minuten braten. Nun die Gewürze untermischen und den Topfinhalt mit Weißwein ablöschen. Die Pilzpfanne für 5 Minuten kochen lassen.

Am Ende noch den Schmand unterrühren und die Pilzpfanne mit Salz und Pfeffer würzen. Auf Tellern anrichten und dort mit der frisch gehackten Petersilie bestreuen.

Nährwerte pro Portion:
Kilokalorien: 506, Fett: 30,0 g, Kohlenhydrate: 26,9 g, Eiweiß: 17,3 g

Babybrei 2.0 ...

Röstgemüse-Blumenkohl-Reispfanne

4 Portionen

750 g Blumenkohl, grob geraspelt
400 g Brokkoli, grob gehackt
250 g Karotten, in Würfel geschnitten
200 g Champignons, grob gehackt
30 ml Olivenöl nativ extra (2 EL)
250 g Gemüsezwiebel, in Würfel geschnitten
2 TL Paprikapulver, edelsüß
1 TL Currypulver
2 TL Thymian, frisch oder getrocknet
1 TL Majoran, frisch oder getrocknet
3 EL helle Sojasoße
4 Eier, Größe M, zu Rührei verquirlt und mit Salz und Pfeffer gewürzt
40 g Parmesan, fein gerieben
40 g geröstete und gesalzene Cashewkerne, grob gehackt
Salz und Pfeffer

Mehr Gemüse geht nicht …

Den Backofen auf 180 °C Umluft vorheizen.

Den geraspelten Blumenkohl in eine Ofenform füllen. Brokkoli, Karotten und Champignons auf einem tiefen Blech verteilen. Den Blumenkohl in der Ofenform und das Gemüse mit dem Blech gleichzeitig für 25 Minuten im Ofen rösten. Dabei die Backofentür 2-mal kurz öffnen, damit Feuchtigkeit abziehen kann.

Einen großen Topf mit zwei Esslöffel Olivenöl erhitzen. Die Gemüsezwiebelwürfel für 3–4 Minuten braten. Dann die Gewürze unter die Zwiebelwürfel mischen. Anschließend das Gemüse aus dem Ofen und den gerösteten Blumenkohlreis in den Topf umfüllen. Die Gemüsemischung mit der Sojasoße würzen. Danach das Rührei in den Topf gießen und dort unter Rühren stocken lassen.

Nun noch den geriebenen Parmesan und die gehackten Cashews unterheben und das fertige Gericht mit Salz und Pfeffer abschmecken.

Nährwerte pro Portion:
Kilokalorien: 385, Fett: 20,7 g, Kohlenhydrate: 17,9 g, Eiweiß: 23,8 g

Tomaten-Zucchini-Linsentopf

4 Portionen

30 ml Olivenöl nativ extra (2 EL)
150 g rote Zwiebel, gehackt
2 Knoblauchzehen, gehackt
150 g Karotten, fein gewürfelt
150 g Staudensellerie, geputzt, in kleine Würfel geschnitten
300 g Kirschtomaten, geviertelt
2 TL Oregano, frisch oder getrocknet
600 g Zucchini, in dünne Scheiben gehobelt oder geschnitten
500 ml passierte Tomaten
400 ml Gemüsebrühe
2 EL Tomatenmark, doppelt konzentriert
400 g braune Linsen, tellerfertig, aus der Dose oder Packung
2 EL Mandelmus
Salz und Pfeffer

Der Gemüsetopf für vegane Genießer …

In einem großen Topf zwei Esslöffel Olivenöl erhitzen und die Zwiebelwürfel darin glasig anbraten. Die Knoblauchwürfel zufügen und diese kurz mit den Zwiebelwürfel anschwitzen. Dann die Karotten- und die Staudenselleriewürfel untermischen und diese für 2–3 Minuten mitbraten. Danach die geviertelten Kirschtomaten und den Oregano zufügen und alles gemeinsam für 2–3 Minuten braten.

Nun die Zucchinischeiben untermischen und alles mit den passierten Tomaten und der Gemüsebrühe ablöschen. Das Tomatenmark unterrühren und den Gemüsetopf für 7–8 Minuten köcheln lassen. Am Ende noch die tellerfertigen Linsen in den Topf geben, das Mandelmus untermischen und das fertige Gericht mit Salz und Pfeffer abschmecken.

Nährwerte pro Portion:
Kilokalorien: 337, Fett: 13,8 g, Kohlenhydrate: 32,5 g, Eiweiß: 15,4 g

Salate und Snacks für Groß und Klein

Kalte Küche für die ganze Familie. Egal ob daheim oder für unterwegs – mit einem leckeren Salat oder kleinen Snacks haben der große oder der kleine Hunger keine Chance und die Pausen sind gerettet. Auch an süße Kleinigkeiten ist gedacht und ich bin mir sicher, dass die Fruchtriesen sowohl bei Kindern als auch bei Erwachsenen toll ankommen. Da bleibt kein Wunsch offen und für jede Gelegenheit gibt es ein passendes Rezept.

Low-Carb-Fruchtriesen

2 Portionen

250 g Magerquark
200 g Griechischer Joghurt, 10 % Fett
75 g Apfelmark, ungezuckert, aus dem Glas
75 g Himbeeren, frisch oder TK, püriert
1–2 TL Stevia-Streupulver mit Erythrit
50 g Kiwi, in kleine Stücke geschnitten
100 g Erdbeeren, in kleine Stücke geschnitten

Den Magerquark mit dem griechischen Joghurt mischen und dann das Apfelmark und die pürierten Himbeeren unterrühren.

Nun mit dem Stevia-Streupulver nach Geschmack süßen und anschließend in Schälchen umfüllen.

Die klein geschnittenen Obststücke auf den Fruchtriesen verteilen.

Nährwerte pro Portion:
Kilokalorien: 281, Fett: 11,1 g, Kohlenhydrate: 19,6 g, Eiweiß: 21,8 g

Low-Carb-Picknicksalat

4 Portionen

Schmeckt immer und überall …

Für den Picknicksalat:
1,2 kg Kohlrabi, in 1–2 cm Würfel geschnitten
750 ml Gemüsebrühe
400 g Kirschtomaten, halbiert
1 Bund Frühlingszwiebeln, in Ringe geschnitten
4 Eier, Größe M, hartgekocht, klein geschnitten
200 g Gewürzgurken, gewürfelt
400 g Geflügelwürstchen, in Scheiben geschnitten
(Veggies lassen die Würstchen weg oder nehmen ein Ersatzprodukt)
4 EL Petersilie, gehackt

Für das Dressing:
100 g Saure Sahne, 10 % Fett
100 g Kräuterfrischkäse
2 TL Senf, mittelscharf
2 EL Gurkenwasser, aus dem Glas Gewürzgurken
2 EL heller Balsamico-Essig
1 TL Erythrit
1 TL Currypulver
2 TL Zwiebelgranulat (aus dem Gewürzregal)
1 TL Paprikapulver, edelsüß
Salz und Pfeffer

Die Kohlrabiwürfel in der Gemüsebrühe für 8–9 Minuten kochen und dann in einem Küchensieb abgießen und abkühlen lassen.

Die kompletten Zutaten für den Picknicksalat in eine große Schüssel füllen.

Alle Zutaten für das Dressing mit einem Schneebesen verrühren und würzig mit Salz und Pfeffer abschmecken.

Das Dressing unter die Salatzutaten heben und dann im Kühlschrank für mindestens 2–3 Stunden ziehen lassen. Je länger, desto besser wird der Salat. Also auch über Nacht stehen lassen ist überhaupt kein Problem.

Der Picknicksalat schmeckt auf der grünen Wiese genauso gut wie im Schwimmbad oder auch bei einer Grillparty. Wenn Fleisch oder Fisch als Eiweißbestandteil dazu gegrillt wird, kann man die Würstchen im Salat getrost weglassen, denn sonst wird es am Ende doch zu mächtig. Als Beilagensalat zum Grillen reicht der Salat locker für 6–8 Personen, denn die Menge ist schon ordentlich und für den großen Hunger gedacht.

Nährwerte pro Portion:
Kilokalorien: 517, Fett: 32,4 g, Kohlenhydrate: 22,5 g, Eiweiß: 29,8 g

Bolognese-Linsennudelsalat

4 Portionen

250 g Rote-Linsen-Spirelli

Bolo kann auch kalt ...

Für die Bolognese:
15 ml Olivenöl nativ extra (1 EL)
125 g rote Zwiebel, gehackt
250 g mageres Rinderhackfleisch
(alternativ Veggie-Hackersatz)
150 g Karotten, fein gewürfelt
150 g Staudensellerie, geputzt, fein gewürfelt
330 ml Kirschtomatensoße (aus der Flasche)
2 EL Tomatenmark, doppelt konzentriert
1 EL Oregano, getrocknet
1 TL Erythrit
2 EL heller Balsamico-Essig
500 g Kirschtomaten, halbiert
Salz und Pfeffer

Die Rote-Linsen-Spirelli nach Packungsangabe kochen und in einem Küchensieb abgießen und abkühlen lassen.

Einen Esslöffel Olivenöl erhitzen und die Zwiebelwürfel glasig anbraten. Dann das Rinderhackfleisch (oder den alternativen Veggie-Hackersatz) zufügen und krümelig braten. Nun die Karotten- und die Staudenselleriewürfel untermischen und alles zusammen für 2–3 Minuten braten.

Anschließend die Kirschtomatensoße, das Tomatenmark, den Oregano und das Erythrit zufügen und die Bolognese-Soße für 10 Minuten kochen lassen. Die Bolognese-Soße mit Salz und Pfeffer abschmecken und dann abkühlen lassen. Anschließend den hellen Balsamico-Essig in die kalte Bolognese-Soße rühren.

Die vorgekochten Linsenspirelli mit den Kirschtomaten in eine Schüssel füllen. Die Bolognese-Soße unterrühren und alles gut mischen. Final nochmal mit Salz und Pfeffer abschmecken, denn die Nudeln nehmen viel Geschmack auf.

Sollte der Salat zu trocken werden, dann bei Bedarf etwas lauwarme Gemüsebrühe untermischen.

Nährwerte pro Portion:
Kilokalorien: 481, Fett: 15,4 g, Kohlenhydrate: 46,8 g, Eiweiß: 31,9 g

Tomaten-Gurken-Kräuter-Fleischsalat

2 Portionen

Für den Salat:
1 große Salatgurke, in Scheiben gehobelt
etwas Salz
250 g Kirschtomaten, halbiert
75 g rote Zwiebel, gewürfelt
150 g rote Paprika, in Würfel geschnitten
100 g Gewürzgurken, gewürfelt
150 g gekochter Schinken oder geräucherte Putenbrust, in Streifen geschnitten
2 hartgekochte Eier, Größe M, in kleine Stücke geschnitten

Leichte Sommerküche, die satt macht …

Für das Dressing:
150 g Griechischer Joghurt, 10 % Fett
2 TL heller Balsamico-Essig
2 TL Sahne-Meerrettich
1 TL Erythrit
2 TL Dill, frisch oder TK
2 EL Schnittlauch, in Ringe geschnitten
2 EL Petersilie, gehackt
Salz und Pfeffer

Die Salatgurkenscheiben mit etwas Salz bestreuen und dann in einem Küchensieb 10 Minuten abtropfen lassen.

Die kompletten Zutaten für den Salat in eine große Salatschüssel füllen.

Das Salatdressing anrühren und dann noch unter die Salatzutaten mischen. Den Salat gut durchziehen lassen und dann genießen.

Für mehr Esser am Tisch einfach die Mengen passend erhöhen.

Nährwerte pro Portion:
Kilokalorien: 373, Fett: 19,5 g, Kohlenhydrate: 23,1 g, Eiweiß: 25,0 g

Coleslaw mit Hack

4 Portionen

Für die Hackbasis:
15 ml Olivenöl nativ extra (1 EL)
400 g mageres Rinderhackfleisch (alternativ Veggie-Hackersatz)
150 g rote Zwiebel, gehackt
2 TL Thymian, frisch oder getrocknet
Salz und Pfeffer

Krautsalat, nur falls die Familie fragt …

Für den Coleslaw:
500 g Weißkohl, in dünne Streifen gehobelt
300 g Rotkohl, in dünne Streifen gehobelt
2 TL Salz
150 g Lauch, in feine Ringe geschnitten
150 g Karotten, grob geraspelt
300 g Kirschtomaten, geviertelt

Für das Dressing:
100 g Saure Sahne, 10 % Fett
100 g Kräuterfrischkäse
60 g Mayonnaise, 80 % Fett
1 TL Senf, mittelscharf
2 EL heller Balsamico-Essig
2 TL Erythrit
1 Knoblauchzehe, gepresst
Salz und Pfeffer

Einen Topf mit einem Esslöffel Olivenöl erhitzen und das Hackfleisch (oder den alternativen Veggie-Hackersatz) krümelig braten. Dann die Zwiebelwürfel zufügen und diese mit dem Hackfleisch (oder dem alternativen Veggie-Hackersatz) für 2–3 Minuten braten. Am Ende noch den Thymian zufügen und das gebratene Hack mit Salz und Pfeffer würzen. Danach abkühlen lassen.

Den gehobelten Weiß- und Rotkohl in eine Schüssel geben. Das Salz untermischen und dann mit den Händen den Kohl kräftig kneten, damit er weicher wird. Anschließend in ein Küchensieb umfüllen und für eine Stunde stehen lassen. Den Kohl mit den Händen ausdrücken, damit noch etwas mehr Wasser austritt.

Die Hackfleischmischung, den gesalzenen Kohl und die restlichen Zutaten für den Salat in eine große Schüssel geben. Die Zutaten für das Dressing anrühren und dieses unter den Salat heben. Den Salat mindestens für 5–6 Stunden im Kühlschrank durchziehen lassen. Dabei zwischendurch 2-mal durchmischen.

Am Ende vor dem Verzehr noch mal mit Salz und Pfeffer abschmecken.

Nährwerte pro Portion
Kilokalorien: 533, Fett: 36,9 g, Kohlenhydrate: 18,5 g, Eiweiß: 27,8 g

Snacky Käse-Karottensticks

4 Portionen à 5 Karottensticks

Rein in die Lunchbox und aus der Hand gegessen …

500 g Karotten, grob geraspelt
3 Eier, Größe M
120 g Gouda, mittelalt, fein gerieben
2 TL Zwiebelgranulat
(aus dem Gewürzregal)
1 TL Oregano, getrocknet
1 TL Paprikapulver, edelsüß
80 g Haferkleie
80 g Gouda, mittelalt, grob gerieben
Salz und Pfeffer

Den Backofen auf 180 °C Umluft vorheizen.

Aus den Zutaten bis zur Haferkleie einen Teig anrühren, diesen mit Salz und Pfeffer würzen und anschließend für 5–10 Minuten ziehen lassen.

Ein Backblech mit Backpapier vorbereiten und den Karottenteig rechteckig etwa 0,5–1 cm dick verstreichen. Dann für 25 Minuten backen. Danach den grob geriebenen Gouda über der Karottenplatte verteilen und die Teigplatte für weitere 15 Minuten backen.

Anschließend auf einem Kuchenrost abkühlen lassen, damit sich keine Feuchtigkeit staut. Danach in der Mitte durchschneiden und jede Hälfte in 10 Streifen schneiden.

Nährwerte pro Portion:
Kilokalorien: 364, Fett: 20,4 g, Kohlenhydrate: 16,8 g, Eiweiß: 22,0 g

Knusper-Cashewkerne

8 Portionen à 30 g

200 g Cashewkerne
2 EL helle Sojasoße
2 EL Erythrit

In einer großen Pfanne die Cashewkerne goldgelb rösten. Dann die helle Sojasoße und das Erythrit in die Pfanne geben und so lange unter Rühren kochen lassen, bis die Flüssigkeit der Sojasoße verdampft ist. Dann von der heißen Herdplatte nehmen und unter ständigem Rühren abkühlen lassen. Wenn die gewürzten Cashewkerne noch lauwarm sind, dann auf einem Blatt Backpapier verteilen und fertig abkühlen lassen.

Süß und salzig auf einen Streich …

Natürlich können die Cashews auch gegen Mandeln oder andere Nüsse ausgetauscht werden. Zusätzliche Würze erreicht man durch Paprikapulver, Currypulver, Garam Masala, Raspel-Hanout oder Chilipulver. Der Kreativität sind keine Grenzen gesetzt.

Nährwerte pro 30 g:
Kilokalorien: 149, Fett: 11,3 g, Kohlenhydrate: 6,1 g, Eiweiß: 5,2 g

Pizzaschnecken

22 Schnecken

Für den Mozzarella-Teig:
100 g Mandelmehl, nicht entölt (alternativ gemahlene blanchierte Mandeln)
60 g Kartoffelfasern
2 TL Salz
1 TL Backpulver
1 TL Guarkernmehl
100 g Butter, weich
250 g Mozzarella, 45 % Fett, in kleine Würfel geschnitten
2 Eier, Größe L

Minipizza für den kleinen Hunger ...

Für die Füllung:
75 g Ketchup, zuckerfrei
50 g Tomaten-Pesto
1 TL Oregano, getrocknet
150 g gekochter Schinken, in Scheiben
100 g Emmentaler, grob gerieben

Den Backofen auf 180 °C Umluft vorheizen.

Die trockenen Zutaten für den Teig in einer Schüssel vermischen.

Die Butter, die Mozzarellawürfel und die Eier in einen hohen schmalen Behälter geben und mit einem Pürierstab zu einem Brei pürieren. Die Masse in eine Rührschüssel füllen und die trockene Mischung esslöffelweise unterrühren. Am Ende den Teig in etwas Frischhaltefolie hüllen und für ungefähr eine Stunde kühlen.

Anschließend den Teig rechteckig zwischen 2 Blättern Backpapier circa 1 cm dick ausrollen. Das Ketchup mit dem Tomaten-Pesto und dem Oregano verrühren und die Mischung auf den Teig streichen. Darauf die Schinkenscheiben legen und den geriebenen Emmentaler auf der Fläche verteilen.

Den belegten Teig vorsichtig von der langen Seite her mit Hilfe des Backpapiers aufrollen und die Rolle anschließend mit einem scharfen Messer in 1–2 cm dicke Scheiben schneiden und diese auf ein mit Backpapier bedecktes Blech legen.

Jetzt die Pizzaschnecken nur noch im Ofen für 25–30 Minuten goldbraun backen. Die Pizzaschnecken schmecken frisch, noch lauwarm am besten. Aber auch kalt ein herrlicher Genuss.

Nährwerte pro Pizzaschnecke:
Kilokalorien: 131, Fett: 10,7 g, Kohlenhydrate: 1,3 g, Eiweiß: 6,4 g

Schoko-Amerikaner

6 Amerikaner

Schokoladig lecker …

Für den Schokoladenteig:
70 g Butter, weich
60 g Erythrit
2 TL Stevia-Streupulver mit Erythrit
2 Eier, Größe M
30 g Kokosmehl
40 g Mandelmehl, entölt
50 g Mandelmehl, nicht entölt
25 g Kakaopulver
2 TL Backpulver
50 g Schokolade, 70 % Kakao, gehackt
½ TL Guarkernmehl
150 ml Milch

Für den Guss:
50 g Puder-Erythrit
1 EL Wasser

Den Backofen auf 180 °C Umluft vorheizen.

Die Butter mit den Süßmitteln und den Eiern verrühren.

Die restlichen trockenen Zutaten vorweg mischen und dann unter die süße Eier-Buttercreme rühren. Immer, wenn der Teig zu dick wird, dann nach und nach die Milch unterrühren.

Aus dem Teig sechs Amerikaner formen und diese auf einem mit Backpapier belegten Blech für 25–30 Minuten backen. Nach der halben Zeit mit Alufolie bedecken, damit die Amerikaner nicht verbrennen. Anschließend auf einem Kuchenrost abkühlen lassen.

Für den Guss, das Puder-Erythrit und das Wasser in einem kleinen Topf erhitzen und den Guss auf die platte Unterseite der Amerikaner streichen und anschließend aushärten lassen.

Nährwerte pro Amerikaner:
Kilokalorien: 285, Fett: 22,3 g, Kohlenhydrate: 6,7 g, Eiweiß: 11,5 g

Rezeptübersicht

Frühstück für die ganze Familie

Gelöffelt wird gerne gemeinsam

Fleisch und Fisch für Allesesser

Entspannte, leckere Veggieküche

Salate und Snacks für Groß und Klein

Zutatenregister

Über die Autorin

Die gebürtige Odenwälderin Bettina Meiselbach startete mit einem betriebswirtschaftlichen Studium in das Berufsleben. 25 Jahre im Personalmanagement und einen Burn-out später krempelte sie 2014 ihr Leben komplett um. Sie entdeckte die Low-Carb-Ernährung für sich, warf fast 60 Kilogramm Gewicht ab, wies ihre Diabetes-Typ-2-Erkrankung in die Schranken und ließ den alten Job hinter sich. Die begeisterte Hobbyköchin und Ernährungsexpertin begann, den Blog *HappyCarb.de* zu schreiben – der sich schnell zu einem der meistgelesenen Low-Carb-Blogs im deutschsprachigen Raum entwickelte. Der folgende Schritt zur Buchautorin war danach nur noch ein ganz kleiner.

Auch als **E-Book** erhältlich

128 Seiten
14,00 € (D) | 14,95 € (A)
ISBN 978-3-95814-141-4

Bettina Meiselbach

Happy Carb: Ofengerichte Low Carb

55 Rezepte für dampfende Aufläufe und Schnelles vom Blech

Volles Rohr Low Carb – die besten Ofengerichte

Gibt es etwas Besseres als dick mit Käse überbackene Aufläufe und Gratins oder schnelle Blechgerichte, die sich fast von alleine machen? Der Backofen ist perfekt für die Low-Carb-Ernährung geeignet! Genießen Sie Fleisch, Fisch, Gemüse und ordentlich Käse ohne Reue. Die 55 kreativen kohlenhydratarmen Rezepte in diesem Buch bieten alles, was das Herz begehrt: vom warmen Frühstück über beliebte Klassiker wie Pizza und Lasagne bis zu warmen Desserts. Einfacher lässt sich gesunde und schlanke Küche nicht auf den Teller zaubern. Auf in den Low-Carb-Schlemmerhimmel!

systemed

Auch als **E-Book** erhältlich

128 Seiten
14,00 € (D) | 14,95 € (A)
ISBN 978-3-95814-138-4

Bettina Meiselbach

Happy Carb: Vegetarisch Low Carb

55 köstliche Rezepte von Frühstück bis Abendessen

Schlemmerküche für Veggie-Days

Sie ernähren sich Low Carb, möchten aber auf Fleisch und Fisch verzichten? Dass Low Carb auch wunderbar vegetarisch funktioniert, beweist dieses Kochbuch. 55 fleischlose und gleichzeitig kohlenhydratarme Gerichte für jeden Tag zeigen Ihnen, wie lecker Veggie-Mahlzeiten sein können. Ob Frühstück, Suppen, Ofengerichte oder kalte Köstlichkeiten - für jeden Geschmack und jede Gelegenheit ist etwas dabei. Die eiweißreichen Leckereien sind ausgewogen, bieten auch ohne Fleisch den vollen Geschmack und helfen Ihnen dabei auch noch beim Abnehmen - der Gewichtsverlust ist garantiert!

systemed

Bibliografische Information der Deutschen Nationalbibliothek
Die Deutsche Nationalbibliothek verzeichnet diese Publikation in der Deutschen Nationalbibliografie. Detaillierte bibliografische Daten sind im Internet über http://d-nb.de abrufbar.

Für Fragen und Anregungen
info@m-vg.de

Wichtiger Hinweis
Dieses Buch ist für Lernzwecke gedacht. Es stellt keinen Ersatz für eine individuelle medizinische Beratung dar und sollte auch nicht als solcher benutzt werden. Wenn Sie medizinischen Rat einholen wollen, konsultieren Sie bitte einen qualifizierten Arzt. Der Verlag und die Autorin haften für keine nachteiligen Auswirkungen, die in einem direkten oder indirekten Zusammenhang mit den Informationen stehen, die in diesem Buch enthalten sind.

Originalausgabe
1. Auflage 2024

Türkenstraße 89
80799 München
Tel.: 089 651285-0

Redaktion: Bettina Peters
Umschlaggestaltung: Sonja Vallant, Manuela Amode
Fotografie: Bettina Meiselbach, Carsten Meiselbach, www.happycarb.de
Illustrationen: Rosavision, Simone Ruths, www.rosavision.de; Betti Avatar: Signyra, www.signyra.com; Freepik; shutterstock/Vector Tradition, Evgeniya Pushai, Anna Frajtova, mushan
Satz: inpunkt[w]o, Wilnsdorf (www.inpunktwo.de)
Druck: Florjancic Tisk d.o.o., Slowenien
Printed in the EU

ISBN Print 978-3-95814-350-0
ISBN E-Book (PDF) 978-3-95814-351-7
ISBN E-Book (EPUB, Mobi) 978-3-95814-352-4